図解

50代までにやるべき お金の計画書

ファイナンシャルプランナー
藤原久敏

彩図社

はじめに

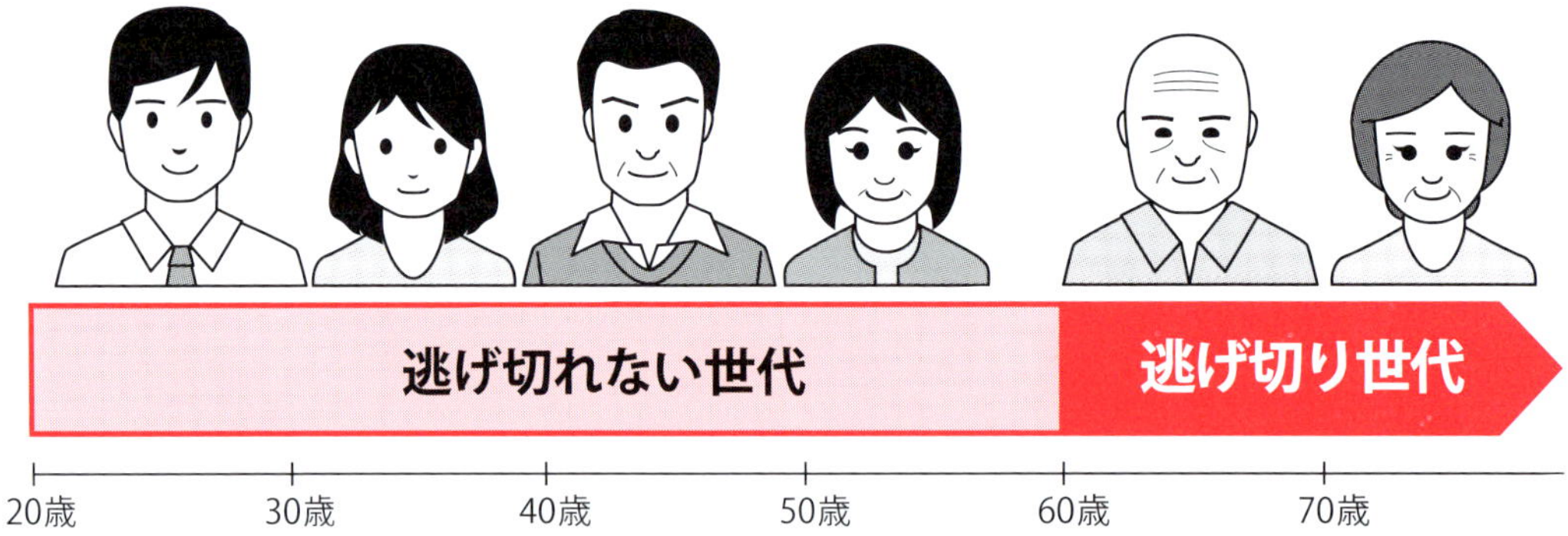

急速な少子高齢化

人口の減少

労働力不足

定年の延長

年金支給開始年齢の引き上げ

私たちは「逃げ切れない世代」

国や会社はもう
人生の最後まで面倒を見てくれない

逃げ切れない世代であることを自覚して動き出そう

逃げ切り世代。

今すでに年金を受け取っている60代以上の世代のことを、こう呼びます。

この世代までは、これまでの右肩上がりの経済成長のもと、老後に備えてとくに準備をしていなかったとしても、問題はなかったのです。

しかし、今現在50代から下の世代は**逃げ切れない世代**です。右肩上がりの時代は終わり、また、急速な少子高齢化が進んでいます。

そして、これまでに蓄えられた果実が、いよいよ尽きようとしています。

それに伴い、社会の枠組みも急速に変化しています。定年の延長、年金支給開始年齢の引き上げ……国や会社は、これまでのように、人生の最後まで面倒を見てくれなくなったのです。

これからは、**一人ひとりがリタイア後に備えて、具体的な行動を起こさなければならないのです。**

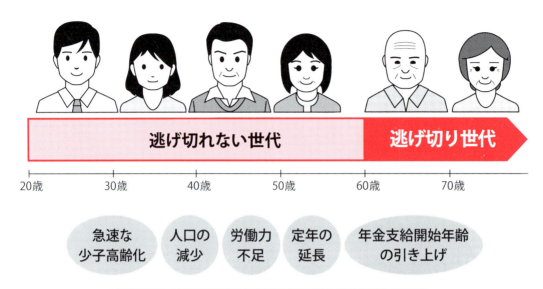

以下の６つを実行すれば未来が変わる

①

働き続ける

②

年金を増やす

③

保険を見直す

④

マイホームを見直す

⑤

投資にチャレンジする

⑥

介護と相続を考える

今、何をするのかが
リタイア後の人生を左右する

かつてはリタイア後の人生は「余生」とされましたが、人生100年とも言われるこの時代において、リタイア後にあるのは「新たな人生」です。

その新たな人生を、充実した輝かしいものにするか、それとも、お金の不安に怯えつつひっそり暮らすのか。

これから何をするのかが、リタイア後の人生を大きく左右するのです。

とはいえ、あれこれ不安があり過ぎて、何から手を付けてよいか分からないのが現状でしょう。

そこで本書では、リタイア後の人生における不安要素を6つの項目に分けました。

その上で、リタイアまでにやっておくべきことを具体的に解説していきます。

実りあるセカンドライフを迎えるため、そして、心おきなく「今」を充実させるためにも、ぜひとも本書をご活用いただければと思います。

ファイナンシャルプランナー　藤原久敏

もくじ

1章 働き続ける

年金支給が65歳からの時代
60歳以降も働き続ける 8

条件によっては年金が減る
在職老齢年金に注意しよう 10

定年後に給料が減っても一部補填してもらえる
高年齢雇用継続給付をもらえる 12

年金との兼ね合いも良い手段
強みを活かして起業する 14

2章 年金を増やす

退職後にもらえる年金はどのくらい？
公的年金だけで生きていけるか 18

公的年金を増やす方法①
年金記録をチェックする 20

公的年金を増やす方法②
加入期間を増やす 22

公的年金を増やす方法③
年金の繰下げ受給をする 24

公的年金を増やす方法④
加給年金の受給資格を得る 26

自分年金をつくる方法①
財形年金貯蓄を始める 28

自分年金をつくる方法②
付加年金と国民年金基金 30

自分年金をつくる方法③
確定拠出年金を始める 32

3章 保険を見直す

死亡保険はいま必要か？
これからの死亡保障を考える 36
病気にかかる可能性は上がっていく
これからの医療保障を考える 38
これだけは押さえておきたい
公的医療保険を知っておく 40
選択肢によって保険料は大きく変わる
退職後の公的医療保険 42
公的制度の補助となる
民間の医療保険の注意点 44

4章 マイホームを見直す

絶大な節税効果が期待できる
住宅ローンを繰り上げ返済する 48
若い頃とは違った選択ができる
住宅ローンの借り換えをする 50
控除を受けて上手にやりたい
リフォームの準備を始める 52
家族全員の大きな問題
新たな「終の棲家」を考える 54

5章 投資にチャレンジする

インフレへの備えは大事
年齢に合った投資をする 58

リスクヘッジについて考えておこう
投資をするときの注意点 60

初心者でもできる
おすすめの投資法 62

税金面でのメリットが大きい
NISAを有効活用する 64

6章 介護と相続の準備をする

親のためであり自分のためでもある
将来の生活を左右する介護 68

介護の基本となる制度
公的介護保険の概要を知る 70

余裕のあるうちに考えておきたい
高齢者施設を知る 72

公的介護保険では補えない部分もある
民間の介護保険を検討する 74

準備によって結果が大きく変わる
相続税を減らす 76

他人事と思ってはいけない
相続トラブル対策を始める 78

1章 働き続ける

年金支給が65歳からの時代
60歳以降も働き続ける

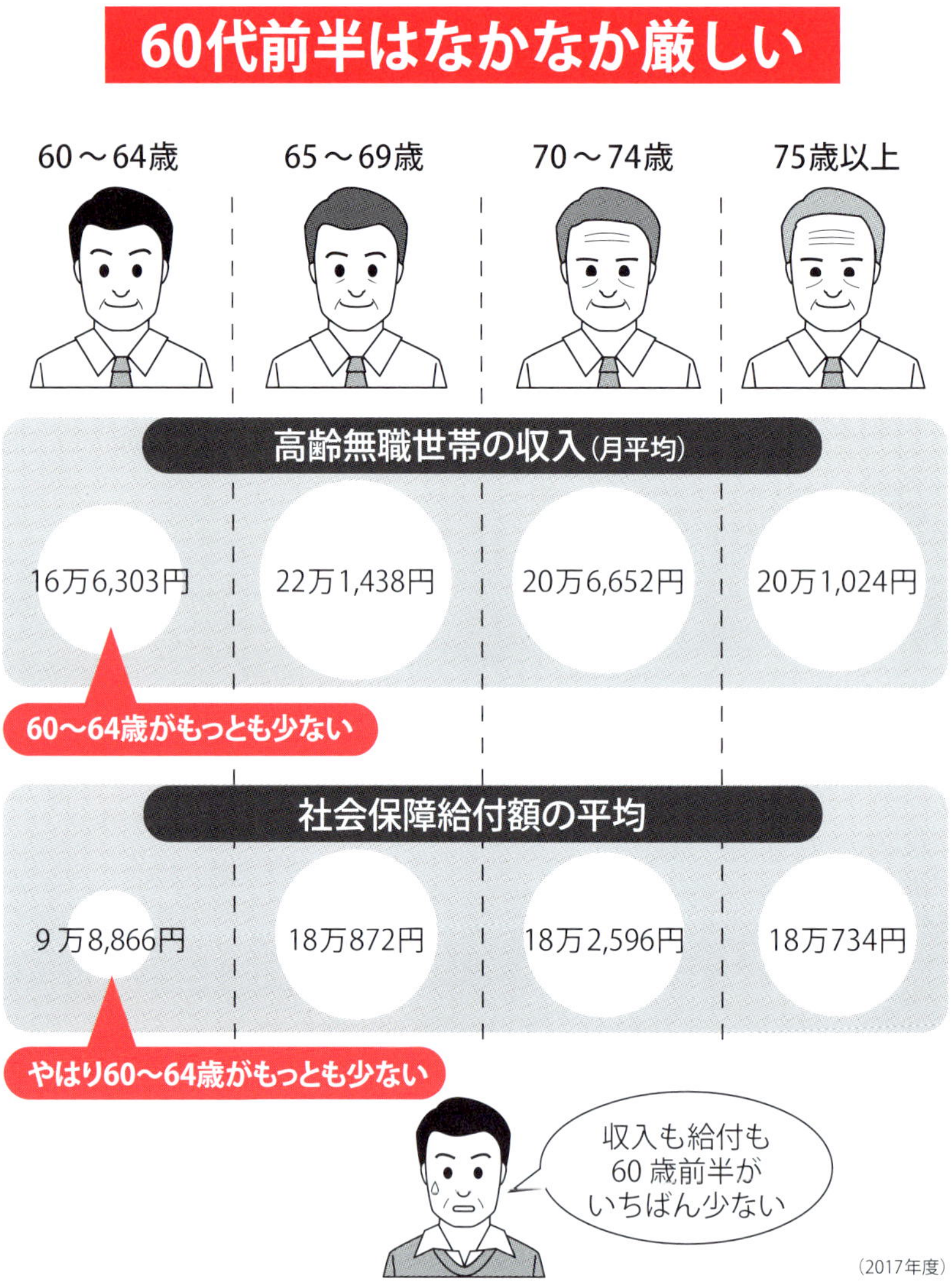
60代前半はなかなか厳しい
60～64歳
65～69歳
70～74歳
75歳以上
高齢無職世帯の収入（月平均）
16万6,303円
22万1,438円
20万6,652円
20万1,024円
60～64歳がもっとも少ない
社会保障給付額の平均
9万8,866円
18万872円
18万2,596円
18万734円
やはり60～64歳がもっとも少ない
収入も給付も
60歳前半が
いちばん少ない
（2017年度）

60歳でのリタイアはかなり難しい

NHKの調査によると、働いている方のうち約半数が、経済的理由、つまりはお金のために働いている、働かざるを得ないという事実が浮かび上がっています※。

人生100年時代と言われる中で、将来の生活がどうなるかは分かりません。なので、「働けるうちは働いて少しでもお金を貯めておこう」と、年齢にこだわらずに働く人が増えているのです。

その直接の要因としては、やはり**公的年金の支給開始年齢の引き上げ**でしょう。

現在、生年月日に応じて、段階的に支給開始年齢が65歳へと引き上げられています。そして最終的には**完全に65歳からの支**

※NHKネットクラブ団塊スタイルアンケート http://www.nhk.or.jp/dankai/bangumi/num031/index.html より

Point

60歳以降は雇用条件が変わり、賃金がある程度減ることを覚悟しておこう

定年前後の変化の例

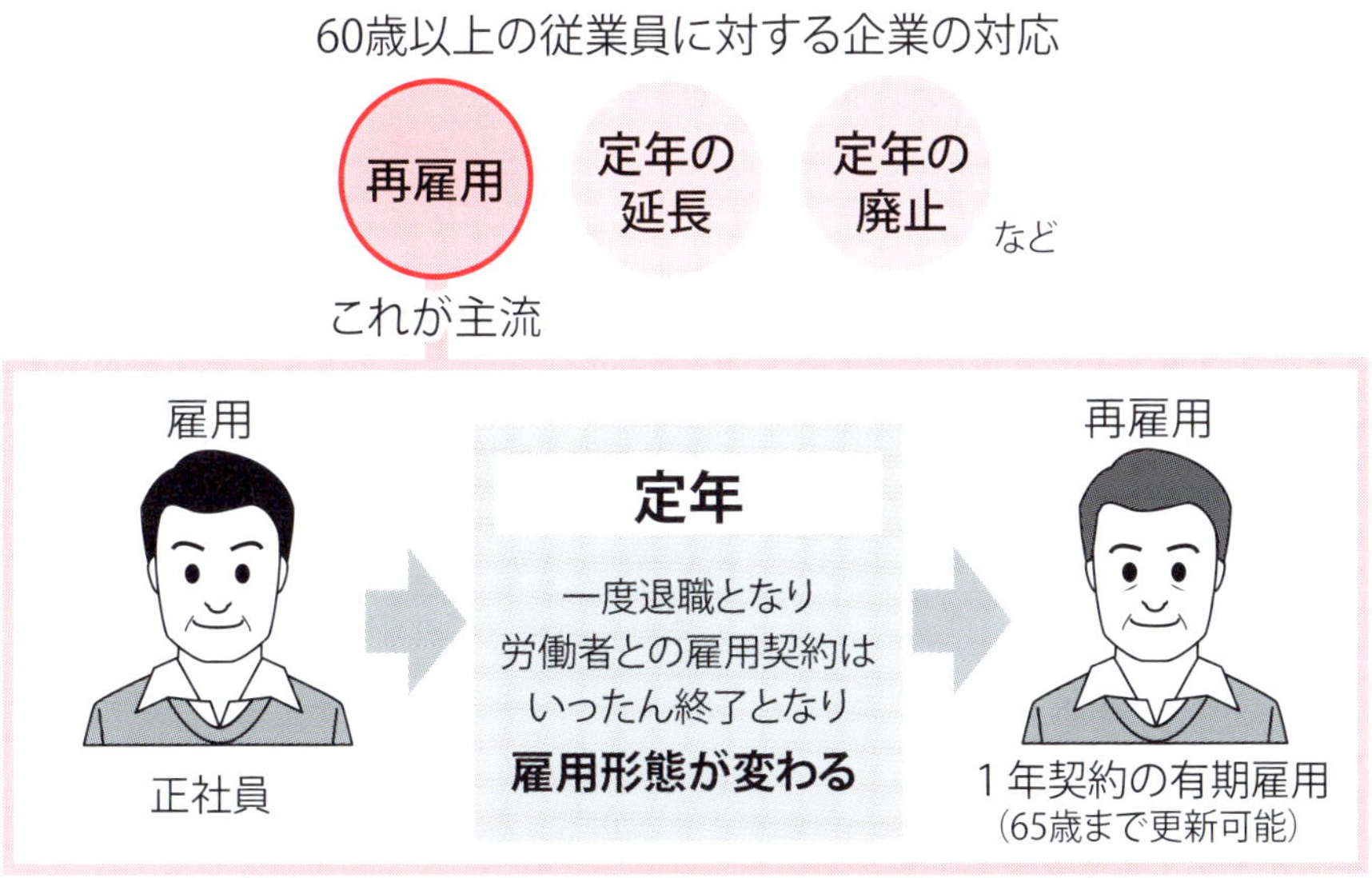
60歳以上の従業員に対する企業の対応
再雇用
定年の延長
定年の廃止
など
これが主流
雇用
正社員
定年
一度退職となり
労働者との雇用契約は
いったん終了となり
雇用形態が変わる
再雇用
1年契約の有期雇用
(65歳まで更新可能)

定年前後の賃金の推移

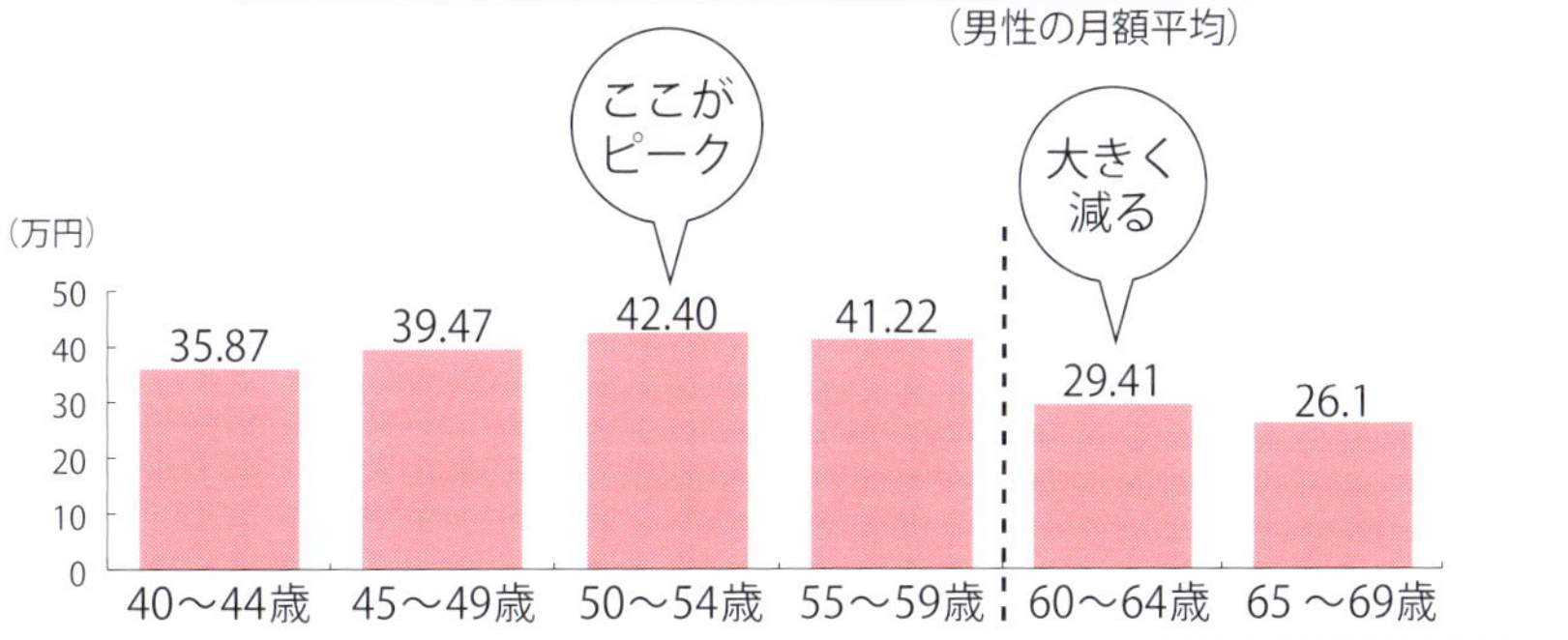
(男性の月額平均)
ここがピーク
大きく減る
(万円)
50
40
30
20
10
0
35.87
39.47
42.40
41.22
29.41
26.1
40～44歳
45～49歳
50～54歳
55～59歳
60～64歳
65～69歳

(平成29年賃金構造基本統計調査)

給となるのです。

つまり、**今の時代は、60歳でリタイアするわけにはいかない**のです。

60歳以降の収入は大幅に減る

2013年に、高年齢者雇用安定法が改正されました。これにより、企業は原則として、継続雇用を希望する従業員全員を65歳まで雇用し続けることを義務付けられました。

60歳以降も働き、収入を確保できるようになったのはありがたいことです。

しかし、だからと言って安心はできません。なぜなら、**60歳以降の雇用条件は、それまでとガラリと変わる**のが一般的だからです。

役職、雇用形態、そして給与体系も変わり、上の図のように、収入は大幅に下がることでしょう。雇用継続はあくまで雇用の継続であって、雇用条件の継続ではないのですから。いざというときに焦るのではなく、今からこの点を確認しておきましょう。

条件によっては年金が減る
在職老齢年金に注意しよう

在職老齢年金

厚生年金保険に加入しながら
老齢厚生年金を受けると
年金が減る

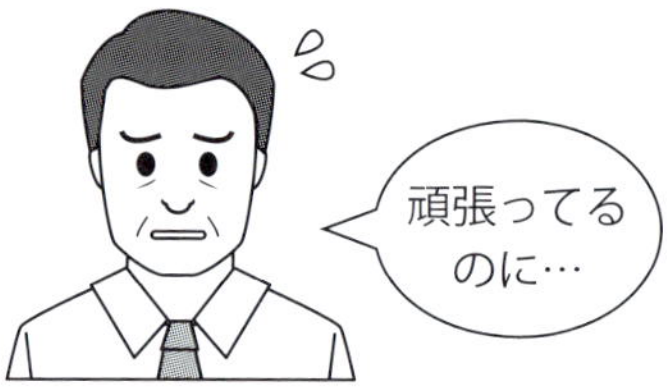

64歳までの在職老齢年金

60歳〜65歳	65歳〜
特別支給の老齢厚生年金	老齢厚生年金
	老齢基礎年金

【基本月額】
特別支給の老齢厚生年金の月額
（加給年金額を除く）

＋

【総報酬月額相当額】
（その月の標準報酬月額）+
（その月以前1年間の標準賞与額の合計）÷12

が28万円以下 → **年金の減額なし**

合計が28万円超になった場合の計算方法（総報酬月額相当額が46万円以下のケース）

基本月額が28万円以下	基本月額－（総報酬月額相当額+基本月額－28万円）× 1/2
基本月額が28万円超	基本月額－総報酬月額相当額× 1/2

条件によっては年金が減ってしまう

じつは、60歳以降も企業で働く場合、年金の支給額が減らされることがあります。

正確には、60歳以降も企業に在籍して給料を受け取り、かつ**老齢厚生年金**を受け取る人は、その年金が減額もしくは支給停止となってしまうのです。

そのように減額されて受け取る老齢厚生年金のことを、**在職老齢年金**といいます。

ただし、無条件に年金が減らされるわけではなく、毎月の給料と年金額の合計によっては、年金は減らされません。

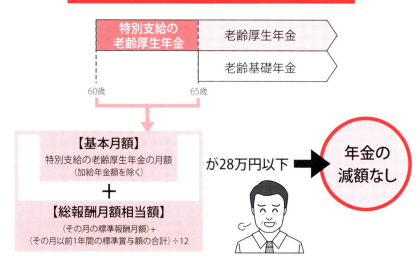

60代前半で、「総報酬月額相当額」と基本月額の合計額が28万円以下であれば、年金はまったく減らされません。

28万円を超えた場合は、上の図のように、

Point

60歳以降で月収が28万円を超えたら年金が減る可能性があるので注意しよう

65歳以上の在職老齢年金

【基本月額】
老齢厚生年金の月額
（加給年金額を除く）

＋

【総報酬月額相当額】
（その月の標準報酬月額）＋
（その月以前1年間の標準賞与額の合計）÷12

が46万円以下 ➡ 年金の減額なし

合計が 46 万円超になった場合の計算方法

基本月額－（基本月額＋総報酬月額相当額－46万円）÷２

減額の例

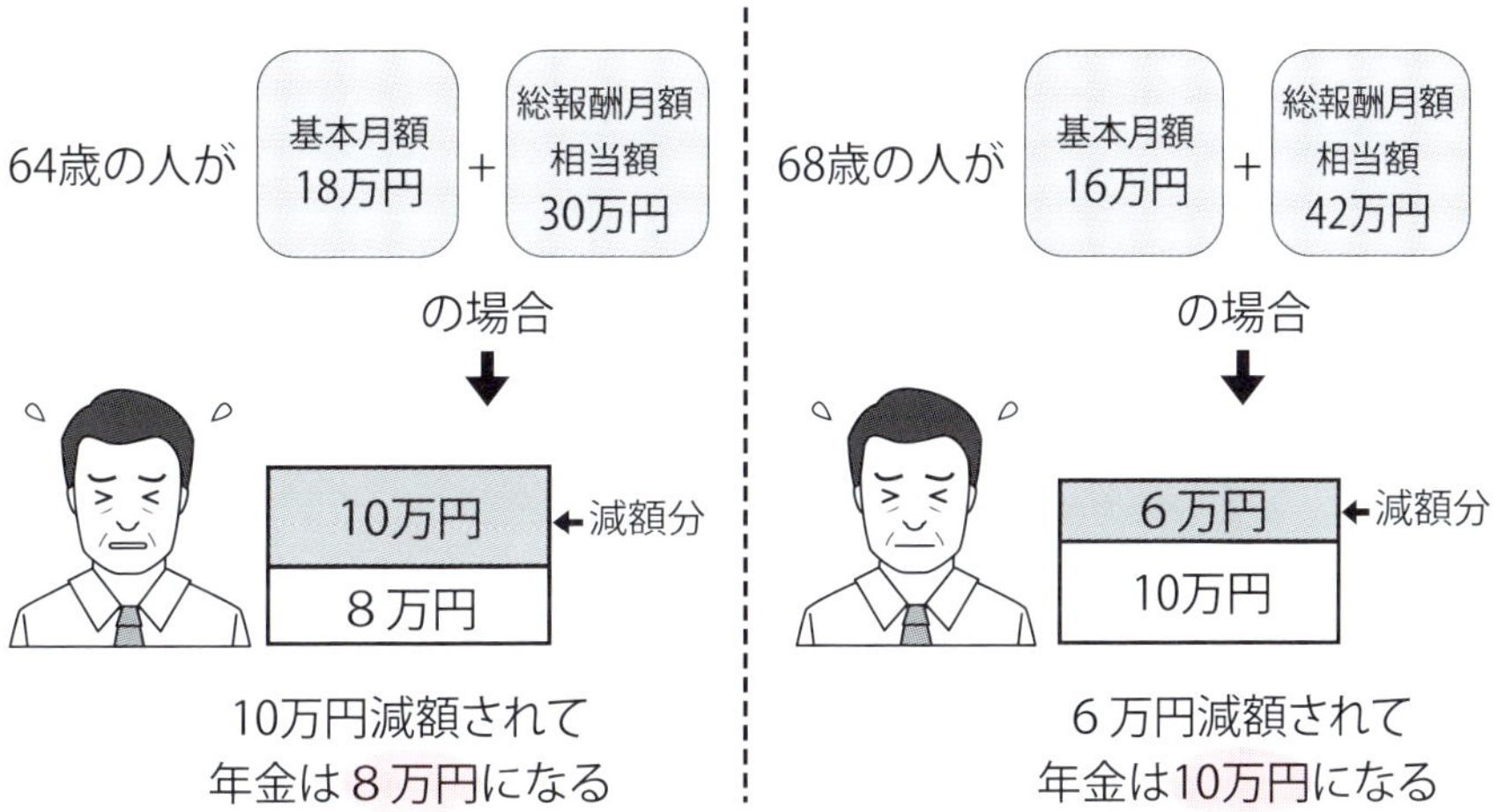

64歳の人が
基本月額
18万円
＋
総報酬月額
相当額
30万円
の場合
10万円
減額分
８万円
10万円減額されて
年金は８万円になる
68歳の人が
基本月額
16万円
＋
総報酬月額
相当額
42万円
の場合
６万円
減額分
10万円
６万円減額されて
年金は10万円になる

総報酬月額相当額と基本月額の金額に応じて支給額が計算されます。

なお、ここで注意したいのは、ボーナスについてです。「総報酬月額相当額」というのは、給料（標準報酬月額）にボーナス（標準賞与額）の12分の1を加えたものです。なので、ボーナスがある人は毎月の給料より高くなるはずなので気をつけてください。

60代後半からは甘い設定になっている

そして、60代後半からの減額は、60代前半に比べてかなり甘い設定になっています。

総報酬月額相当額と基本月額の合計額が46万円以下であれば、年金額はまったく減らされないのです。

46万円を超えた場合は、総報酬月額相当額と基本月額の金額に応じて支給額が計算されます。

ちなみに、在職老齢年金制度は老齢厚生年金に付随するもので、老齢基礎年金のほうは減額対象にならないので、ご安心ください。

高年齢雇用継続給付をもらえる

定年後に給料が減っても一部補填してもらえる

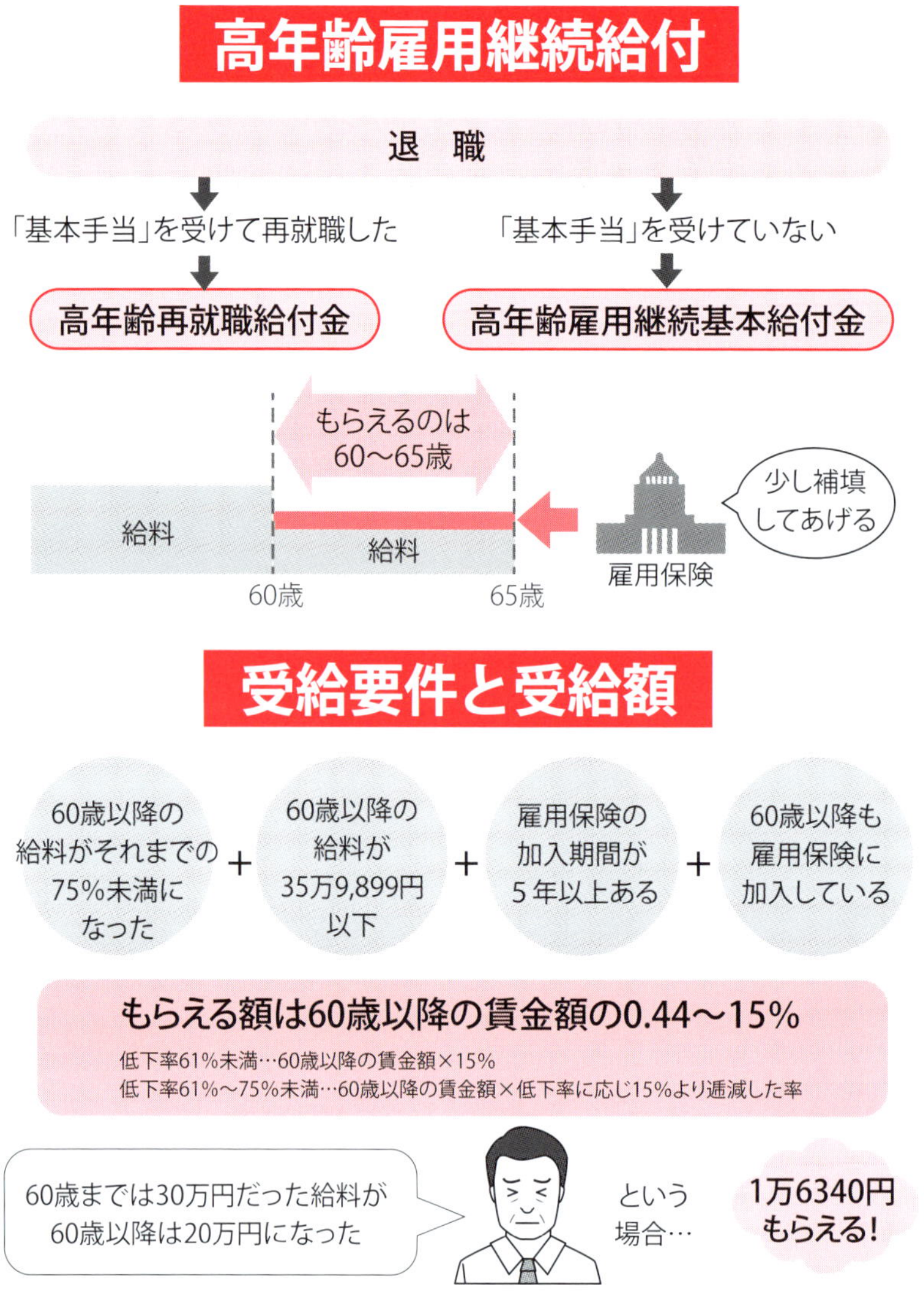
高年齢雇用継続給付
退　職
「基本手当」を受けて再就職した
「基本手当」を受けていない
高年齢再就職給付金
高年齢雇用継続基本給付金
もらえるのは60〜65歳
給料
給料
60歳
65歳
雇用保険
少し補填してあげる
受給要件と受給額
60歳以降の給料がそれまでの75%未満になった
＋
60歳以降の給料が35万9,899円以下
＋
雇用保険の加入期間が５年以上ある
＋
60歳以降も雇用保険に加入している
もらえる額は60歳以降の賃金額の0.44〜15%
低下率61%未満…60歳以降の賃金額×15%
低下率61%〜75%未満…60歳以降の賃金額×低下率に応じ15%より逓減した率
60歳までは30万円だった給料が60歳以降は20万円になった
という場合…
1万6340円もらえる!

減った給料の一部を支給してもらえる

前項のように減らされるお金がある一方で、新たにもらえる給付金もあります。

それは、雇用保険からの**高年齢雇用継続給付**です。

60歳以降の給料が、60歳時点の給料の75%未満に減少してしまった場合、その減少幅に応じて、**最大で60歳以降の給料の15%が支給される**のです。

なお、高年齢雇用継続給付には、雇用保険からの基本手当を受給しないで働き続ける者が受け取る「高年齢雇用継続基本給付金」と、雇用保険からの基本手当を受給後、再就職した者が受ける「高年齢再就職給付金」があります。

いずれも受給できる期間は60歳から65歳

Point

給料が減った場合は一部補填してもらえるが、年金が減らされることもある

「併給調整」に注意

老齢厚生年金　　高年齢雇用継続給付

の両方をもらっていると…

↓

老齢厚生年金の一部が支給停止される

失礼するよ
雇用保険

引かれるのは60歳以降の標準報酬月額の６％まで

低下率61％未満…60歳以降の標準報酬月額×６％

低下率61％～75％未満…60歳以降の標準報酬月額の割合に応じ６％より逓減した率

減額の例

60歳までの賃金が35万円

↓

60歳以降は20万円になった場合

老齢厚生年金基本月額		減額① 在職老齢年金による支給停止		減額② 高年齢雇用継続給付を受けることによる支給停止		高年齢雇用継続給付
10万円	－	月額１万円	－	月額１.２万円	＋	３万円

減らされたり
増やされたりで
複雑

年金が２.２万円減額らされ
高年齢雇用継続給付が３万円増える

🡇

月収は10万8,000円になる

までの間で、受給要件や受給額は右上の図の通りです。

ただ、高年齢再就職給付金については、基本手当の支給残日数に応じて受給期間が変わるので注意が必要です。支給残日数100日以上で1年間、200日以上で2年間になります。

さらに年金が減るかもしれない？

なお、この給付金を受け取る場合には、**在職老齢年金のしくみによって減らされた上に、さらに年金が減らされることになる**ので注意が必要です。

老齢厚生年金額からさらに、最大で60歳以降の賃金の6％が減額されます。このことを「併給調整」といい、具体的には上の図のようになります。

なんともややこしい話ですが、いざ、60歳を迎えてドタバタしているときに、こういった制度をじっくり理解・把握する時間はありません。ぜひ、今のうちから頭に入れておいてください。

強みを活かして起業する

年金との兼ね合いも良い手段

シニアの強み

年金という定期収入がある
多くの場合は家計支出のピークを過ぎている
長年の経験がある
豊富な人脈がある
起業家の４人に１人は50歳以上

狙い目の職業

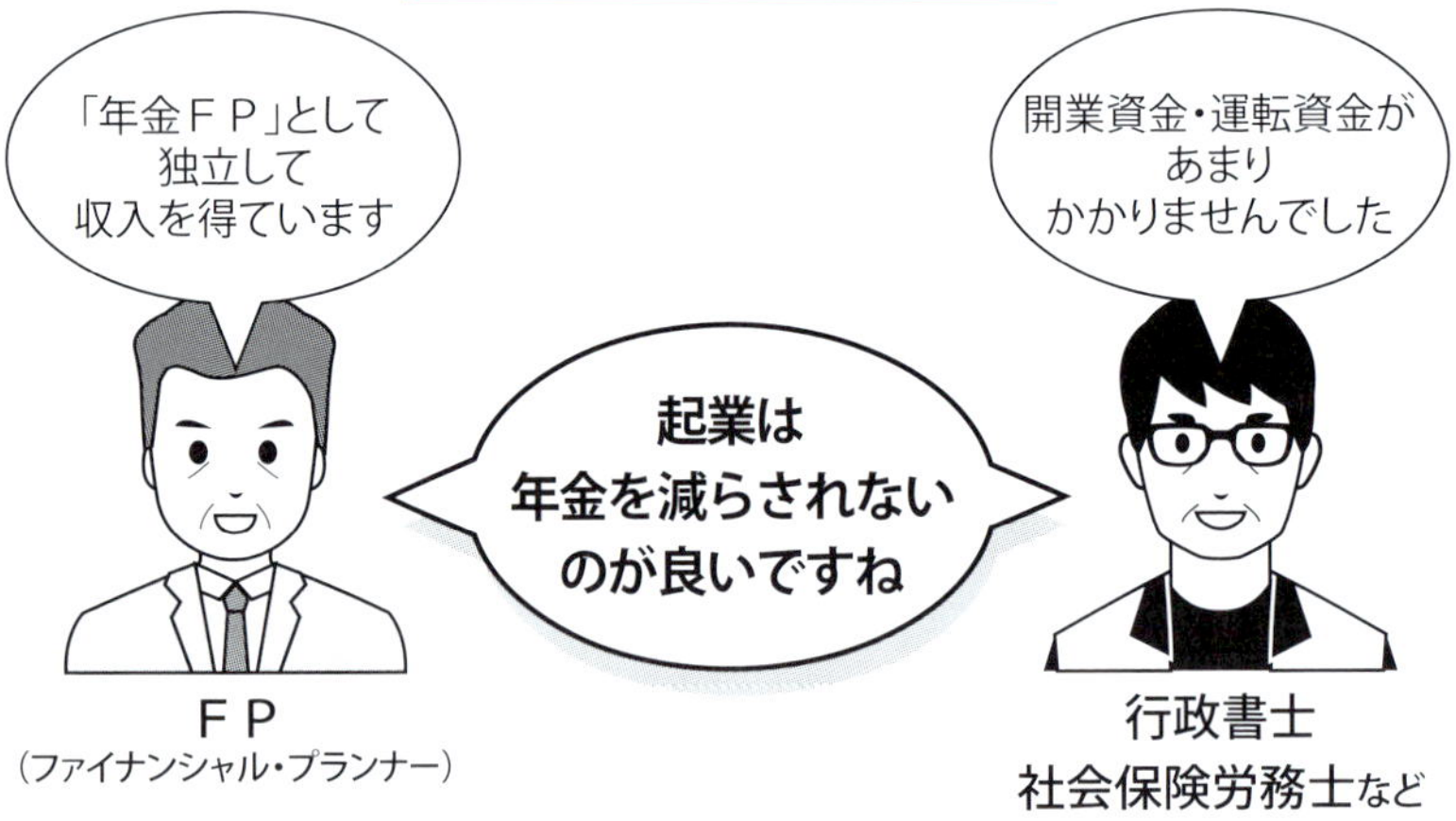
「年金ＦＰ」として独立して収入を得ています
開業資金・運転資金があまりかかりませんでした
起業は年金を減らされないのが良いですね
ＦＰ
（ファイナンシャル・プランナー）
行政書士
社会保険労務士など

経験や人脈を活用しよう

60歳以降も働く手段としては、定年延長や再就職だけではなく、独立起業という方法もあります。

独立起業というと、「成功するのは一握り」「失敗すると路頭に迷う」など、バクチ的なイメージも漂いますが、じつは、シニア起業は意外と手堅いのです。

なぜなら、**年金という定期的な収入見込みを確保した上での起業**だからです。

シニア起業家は、家計の支出ピークは過ぎているケースが多いので、プレッシャーも少なくて済むのです。

また、**豊富な経験と人脈**も、シニア起業家の大きな強みと言えるでしょう。年

Point

年金という収入を確保した上での起業は
意外と手堅い。検討の価値あり

開業した人の状況

開業をしたことに対する能力発揮の満足度（60歳以上）

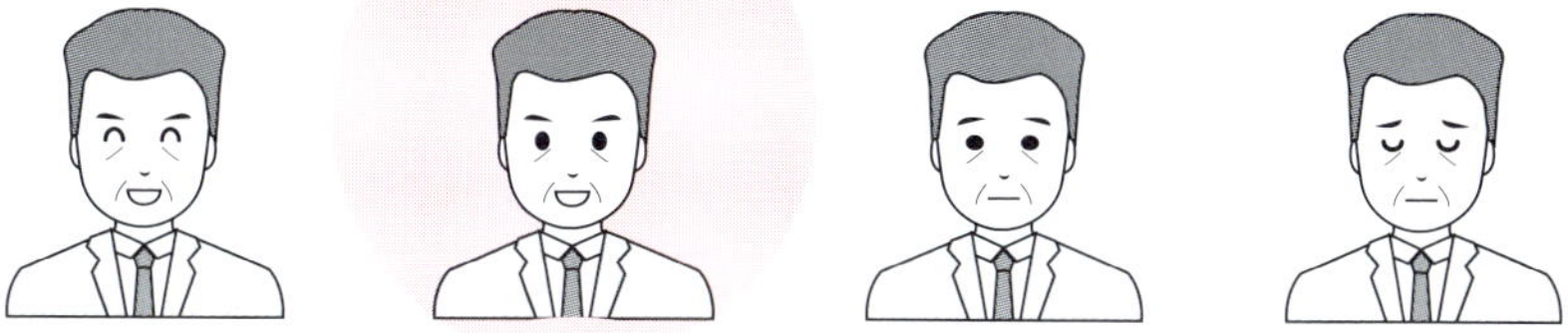

とても満足している	満足している	不満である	とても不満である
8.7%	**57.6%**	31.5%	2.2%

日本政策金融公庫論集・第15号（2012年5月）より

国の起業助成制度

生涯現役起業支援助成金
（厚生労働省）

- 40〜59歳は150万円まで
- 60歳以上は200万円まで

女性、若者/シニア起業家支援資金
（日本政策金融公庫）

- 女性または35歳未満か55歳以上 7,200万円まで（国民生活事業の場合）

金世代の豊富な経験と人脈は、コンサルタントとしての大きな武器にもなります。

もちろん、フリーのコンサルタント業は、誰にでもできるものではありません。ただ、資格を持っていなくても、営業・経理・企画・マネジメントなど、ビジネス上の経験や人脈を持っていれば、経営コンサルタントとして活動することは十分に可能です。

年金は減らされない

みずから起業して、会社に属さずに働けば、年金を減らされることはありません。なぜなら、在職老齢年金制度（10ページ参照）は、厚生年金の被保険者が対象だからです。

ちなみに、シニア起業については、上の図のように公的な支援もあります。

厚生労働省の「生涯現役起業支援助成金」からは200万円までの助成が、日本政策金融公庫の「女性、若者／シニア起業家支援資金」からは7200万円までの融資が受けられます。

こういった支援があることも、強みのひとつですね。

コラム

定年の後、再就職までに充電期間は必要か？

半年ぐらいはのんびりしたいけど……

再就職や起業となると、いったんは会社を辞めることになります。

そのタイミングで、「**半年ほどのんびりしてから次の行動に移ろうかな……**」と考える人も多いかと思います。

ですが、それは**やめておいた方がよいでしょう**。なぜなら、半年も仕事から完全に離れてしまうと、仕事への意欲が途絶えてしまうからです。

体力・経験・技術なども必要ですが、働き続けるためには、やはり**仕事への意欲**が一番大切です。仕事への意欲を維持し続けることを意識しなければならないのです。

溶鉱炉はいったん稼働すると、20年以上は稼働し続けるそうです。これは、火を完全に落としてしまうと、次に稼働させるのに莫大なエネルギーが必要だからです。

すなわち、仕事への意欲が途絶えてしまっては、次の行動に移る際、とても大変だということです。

再就職や起業のための準備をしていても、最後の最後で仕事への意欲が途絶えてしまっては、その準備も報われません。

「会社を辞めても、間髪入れずに働き続けろ」とは言いません。2～3ヵ月くらいはのんびりしてもよいでしょう。しかし、仕事への意欲は絶やさないでください。

年齢よりもタイミングが重要

さらに言えば、再就職や起業を60歳まで待つこともありません。

年齢的な区切りも大切ですが、大きな転機の際は、むしろ**タイミングやご縁が重要です**。いい転職話が舞い込んできたり、独立に大きな追い風が吹いたりしても、「60歳になってから……」などと考えていると、二度とそのような機会は訪れないかもしれません。

準備をしているからこそ、チャンスがきたときに即動くことができるのです。 そういった意味でも、今から準備を始めておきましょう。

2章

年金を増やす

公的年金だけで生きていけるか

退職後にもらえる年金はどのくらい？

公的年金の体系

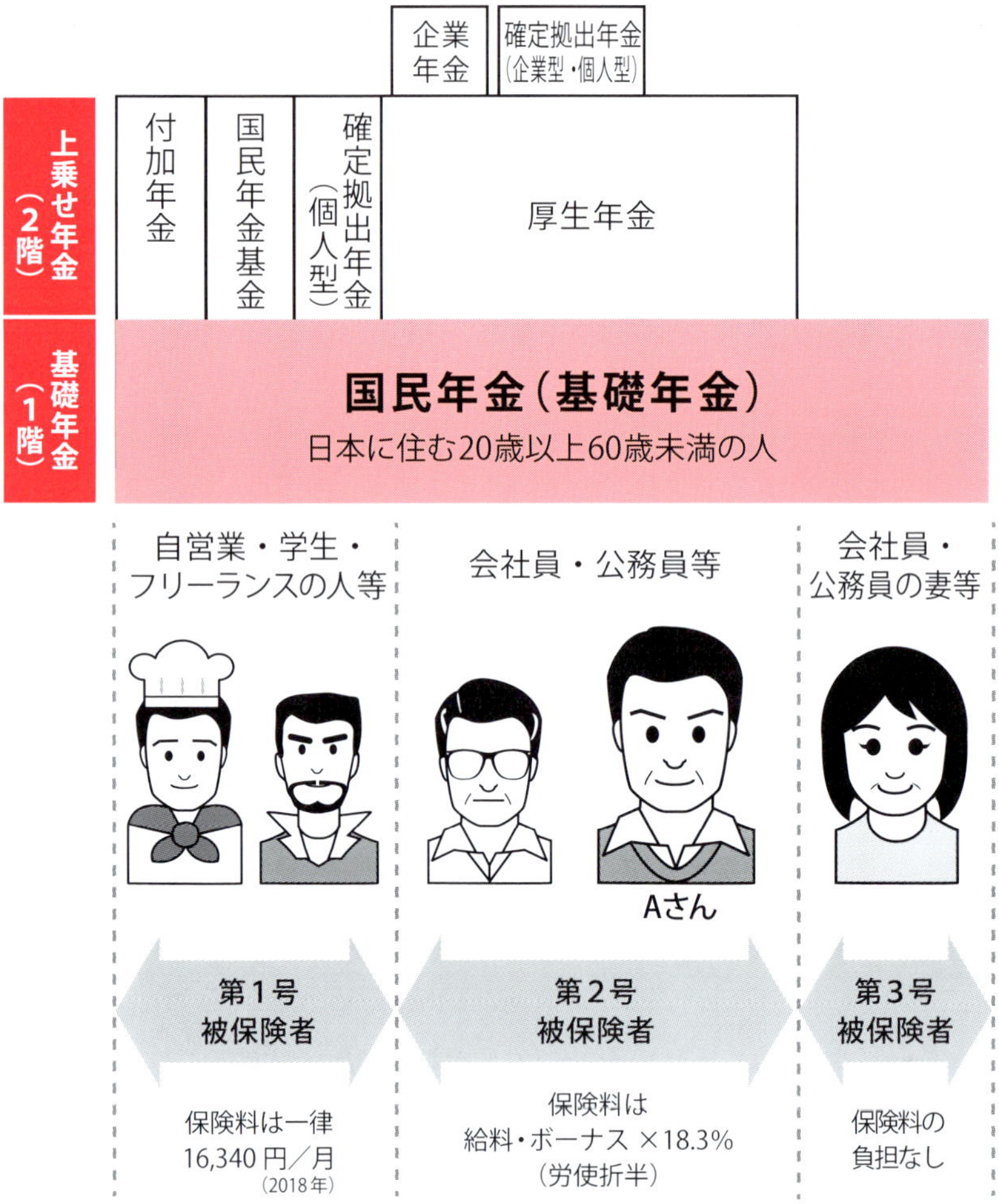
企業年金
確定拠出年金（企業型・個人型）
上乗せ年金（2階）
付加年金
国民年金基金
確定拠出年金（個人型）
厚生年金
基礎年金（1階）
国民年金（基礎年金）
日本に住む20歳以上60歳未満の人
自営業・学生・フリーランスの人等
会社員・公務員等
会社員・公務員の妻等
Aさん
第1号被保険者
第2号被保険者
第3号被保険者
保険料は一律16,340円／月（2018年）
保険料は給料・ボーナス×18.3%（労使折半）
保険料の負担なし

規定の年金だけで生きていけるか？

公的年金は、大きく見ると、上の図のような2段階構えのしくみになっています。

本書をお読みの方はおそらく50代前後だと思いますので、例としてAさんがいつから、どのくらい年金をもらえるのか確認してみましょう。

現在50歳で、平均年収500万円・勤続期間40年間（20歳〜60歳）の見込みのAさんの年金は、65歳から、国民年金と厚生年金をあわせて年200万円程度となります。

当然、勤続年数が短かったり、年収が少なければ、年金額はもっと少なくなります。

ちなみに、もしこれが自営業者だと、国民年金（老齢基礎年金）の約80万円のみになってしまいます。

Point

公的年金だけでは生きていくのは無理。少しでも増やす手段を検討しよう

会社員と自営業者の違い

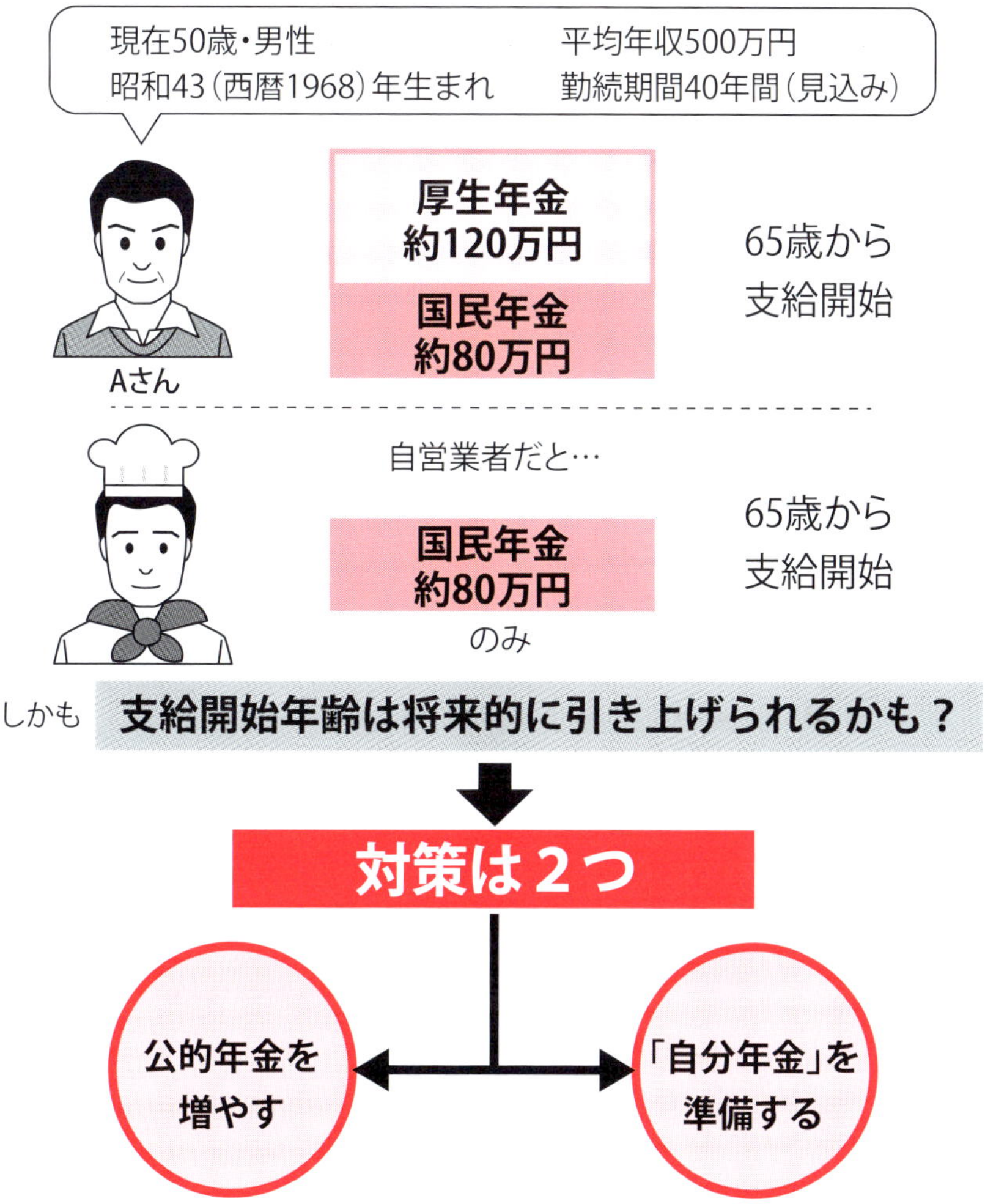
現在50歳・男性
昭和43（西暦1968）年生まれ
平均年収500万円
勤続期間40年間（見込み）
厚生年金
約120万円
国民年金
約80万円
Aさん
65歳から
支給開始
自営業者だと…
国民年金
約80万円
のみ
65歳から
支給開始
しかも
支給開始年齢は将来的に引き上げられるかも？
対策は２つ
公的年金を
増やす
「自分年金」を
準備する

しかも、**公的年金の支給開始年齢は将来的に引き上げられる可能性がある**のです。

さて、このような状況で、年金だけで暮らしていけそうですか？

「このままだとマズイ」ということは、誰の目から見ても明らかです。何とかして年金を増やすことができないか。そのために今何ができるのかを考えましょう。

年金を増やす方法はいろいろある

「今からでも、年金を増やすことはできますか？」

よく50代前後の方からお受けする質問です。結論から言えば、**年金を増やすための対策はいろいろあります。**

年金を増やすための対策は、大きく二つあります。

ひとつは、**公的年金を増やす**こと。

もうひとつは、公的年金だけに頼らずに**「自分年金」を準備する**ことです。

この章で、順に見ていきましょう。

公的年金を増やす方法①
年金記録をチェックする

公的年金のメリット
会社員の保険料の半分は会社が出してくれる
生涯ずっと受け取り続けられる
国庫負担分を受け取れる
（基礎年金の2分の1は国庫負担）
保険料は控除できる
（支払った保険料に応じて税金が安くなる）
障害年金・遺族年金もある
インフレ対策になる
（物価スライド方式による）
しかも
年金の受給に必要な資格期間が短縮された
25年
10年
公的年金はとてもお得

公的年金はとてもお得な制度

年金を増やすことを考える際は、まずは公的年金を増やすことを考えましょう。

何かと批判に晒されることの多い公的年金ですが、たとえば一生もらい続けることができること、国民年金の財源の半分は税金であることなど、**じつは非常に恵まれた制度なのです。**

上の図をご覧ください。このように、公的年金には多くのメリットがあります。これを活用しない手はありません。

まずは自分の記録を確認しよう

２０１８年3月の時点で、持ち主不明の

Point

公的年金はとても恵まれた制度なので不備のないように確認しておこう

本当にあった記録の誤り

若い頃に勤めていた記録が見つかった

年額98万円 → **234万円**

結婚前の旧姓の記録が見つかった

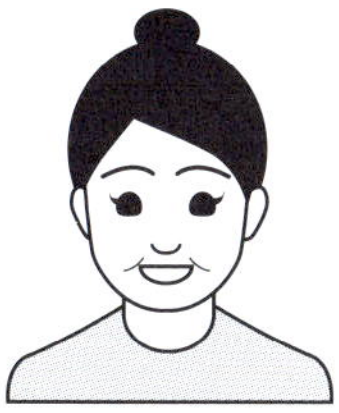

年額43万円 → **154万円**

名前の読み方が誤って登録されていた記録が見つかった

年額０円 → **137万円**

（日本年金機構ホームページより）

年金記録の確認方法

郵便物で

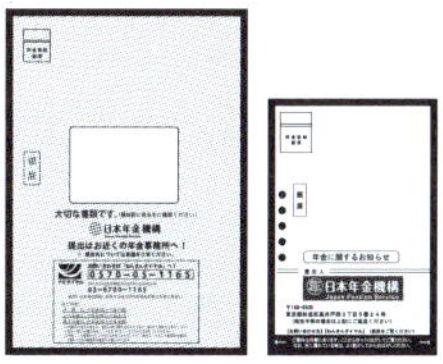

ねんきん定期便

毎年の誕生月に、
35、45、59歳時は封書、
それ以外はハガキで届く
（34ページも参照しください）

インターネットで

ねんきんネット

https://www.nenkin.go.jp/n_net/

電話で

ねんきんダイヤル

0570-05-1165
03-6700-1165
（日曜・祝日・年末年始休み）

年金記録がまだ約２０００万件残っていることをご存じでしょうか？

この中にあなたの年金記録が「持ち主不明」として混じっている可能性だって十分にあるのです。

まずは、**自分の年金記録に漏れや誤りがないかどうか**、ねんきん定期便やねんきんネットで必ず確認しましょう。

とくに、転職が多い、姓が変わったことがある、名字の読み方がいろいろあるという人は要チェックです。

会社員なら、勤務先の合併・社名変更・倒産があった場合、また同じ会社内で転勤・出向をしたケースなども気をつけたいところです。

少しでも心当たりがあれば、必ず日本年金機構に申し出てください。

消えた年金問題で騒がれていた頃には、なんと**約９人に１人の割合で年金記録に誤りが見つかったのです。**

「国が管理しているから安心」と思っていると、痛い目に遭います。漏れ・誤りの可能性は高いというスタンスで、しっかり確認しましょう。

公的年金を増やす方法②
加入期間を増やす

年金額の計算のしかた

保険料納付済期間 ＋ 保険料免除期間
（所得が一定額以下などの理由で、保険料の支払いが免除された時期）

この期間を長くすれば年金額が増える

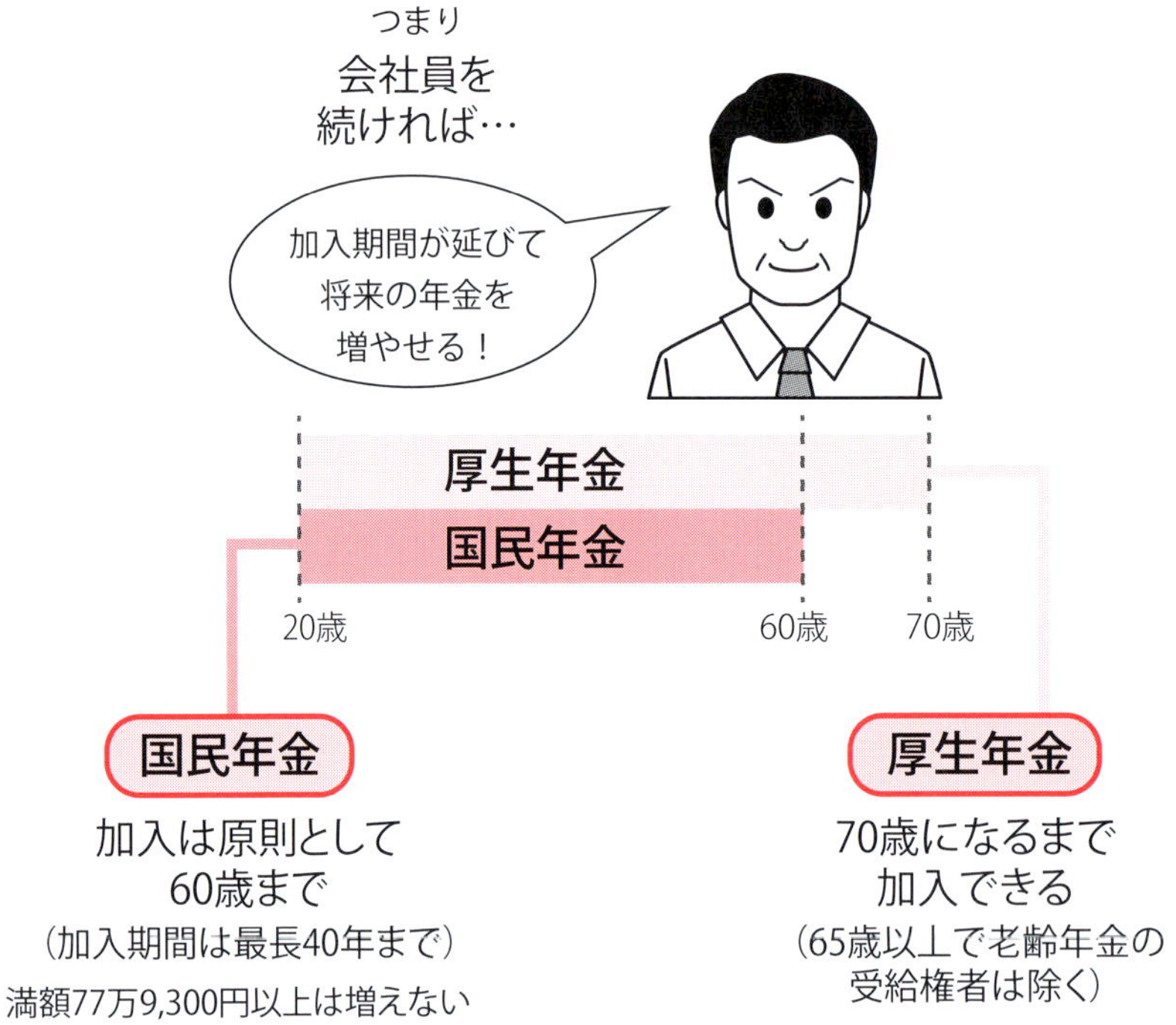
つまり
会社員を
続ければ…
加入期間が延びて
将来の年金を
増やせる！
厚生年金
国民年金
20歳
60歳
70歳
国民年金
加入は原則として
60歳まで
（加入期間は最長40年まで）
満額77万9,300円以上は増えない
厚生年金
70歳になるまで
加入できる
（65歳以上で老齢年金の
受給権者は除く）

60歳以降も加入し続けられる

年金制度への加入期間が長いほど、もらえる年金額は多くなります。

つまり、**加入期間を増やせば、年金額も増える**わけです。

会社員は厚生年金の加入者なので、60歳以降も雇用延長や再雇用、再就職などによって会社員を続けることで、加入期間を増やすことができます。

会社員は厚生年金だけでなく、国民年金にも加入しています。なので、老齢厚生年金だけでなく、老齢基礎年金も増えることになります。

ただし、老齢基礎年金は原則として加入期間は40年までで、満額77万９３００円以上は増えないので、注意が必要です。

Point

加入期間が短い人でもあきらめるのはまだ早い。今からでも期間は増やせる

国民年金に任意加入する

60歳までに老齢基礎年金の受給資格期間（10年）を満たしていない人

保険料納付済期間が40年ないため老齢基礎年金を満額受給できない ＋ 厚生年金保険に加入していない人

上記の人で
加入期間が足りない場合は…

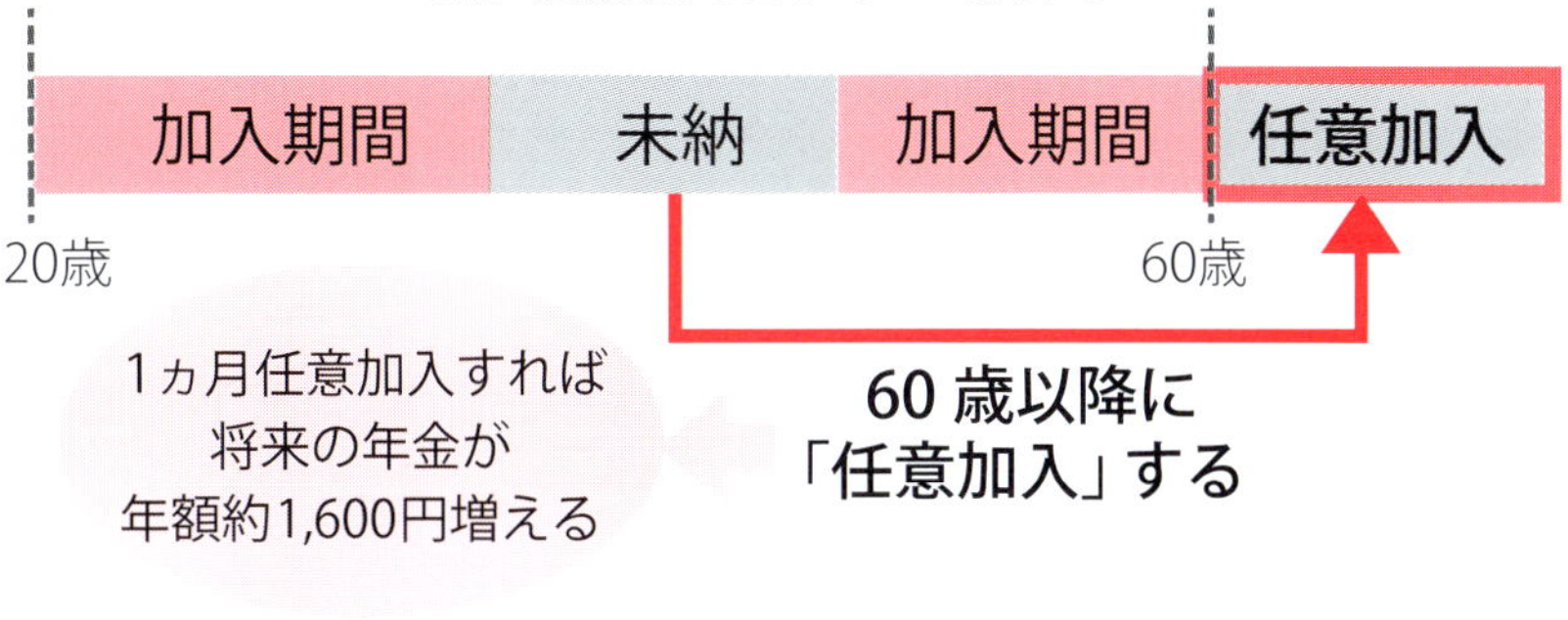
加入期間
未納
加入期間
任意加入
20歳
60歳
1ヵ月任意加入すれば
将来の年金が
年額約1,600円増える
60歳以降に
「任意加入」する

年金額を
増やしたい！
受給期間を
満たしていない…

65歳まで加入できる　　70歳まで加入できる

国民年金の任意加入で期間を増やす

なお、60歳で会社員を辞めたとしても、引き続き国民年金に**任意加入**することができます。

国民年金に加入できるのは原則60歳までですが、国民年金加入歴が40年未満で老齢基礎年金を満額もらえない場合などは、国民年金に加入し続けることで、年金額を増やすことができるのです。

１ヵ月任意加入することで、将来もらえる年金は年額約１６００円増えることになります。

国民年金の保険料は一律１万６３４０円なので、単純に考えて、10年間年金を受け取れば元が取れる計算ですね。

ちなみに、保険料納付の時効は2年間です。ただし、保険料免除・猶予期間がある人は、過去10年以内であれば**さかのぼって保険料を納めることができます。**

そして、１ヵ月分追納することで、やはり将来の年金を年額約１６００円増やすことができます。

公的年金を増やす方法③

年金の繰下げ受給をする

繰下げ受給による年金増額率

繰下げ受給をすれば将来の年金が増える

【増額率】
65歳に達した月から繰下げ申出月の前月までの月数×0.7%

65歳〜66歳	66歳〜67歳	67歳〜68歳	68歳〜69歳	69歳〜70歳	70歳〜
	8.4〜16.1%	16.8〜24.5%	25.2〜32.9%	33.6〜41.3%	42.0%

具体的な受給額の例

65歳からもらい始めると
70万円だが…

70歳からだと
99.4万円！

65歳	70万円
66歳	75万8,800円
67歳	81万7,600円
68歳	87万6,400円
69歳	93万5,200円
70歳	99万4,000円

（年額）

受給開始を65歳から70歳に繰下げた場合
損益分岐点の目安は11年11ヵ月

受給開始を遅くすると年金額が増える

年金の繰下げ受給とは、自発的に受給開始時期を本来の開始時期より先送りにすることです。

なので、他の人が年金を受け取り始めても自分はまだ受け取れないということが起こります。

そのかわりに、**後から受け取る年金額が増える**のです。

1ヵ月繰下げにつき、0・7%増額してもらえます。最大5年間繰下げることができるので、最大42%（0・7%×60ヵ月）も年金を増やせるのです。知る人ぞ知る、安全で手堅い方法と言えるでしょう。

なお、老齢基礎年金の繰下げと、老齢厚生年金の繰下げとは、それぞれ別々に行う

Point

余裕のある人は、年金の受給開始を少し待って将来の年金を増やすこともできる

繰下げのための現実的な条件

ちょっとドキドキするけど…

健康に自信がある

ある程度の貯蓄がある

繰下げ受給のための手続き

どちらか一方を選択できる

繰下げによる増額請求
↓
「繰下げ請求書」を提出する
↓
将来の受給額が増える

本来の額の年金をさかのぼって受給
↓
「繰下げ請求書」を提出しない
↓
その後、通常の受給開始の手続きをする
↓
請求しなかった期間分の年金は一括で支給される
↓
その後、上乗せのない額が支給される

これなら安心！

年金を受け取らなかった時期の分をあとでもらうことも可能

ことができます。

受給を繰下げるための条件

この方法は誰でも使えますが、年金受給をしばらく先送りにするのですから、**当面は貯蓄でしのげる人でないと厳しい**ことはお分かりいただけるかと思います。

そしてもうひとつ、**健康に自信があること**が条件です。

なぜなら、公的年金は終身支給だからです。年金は死ぬまで受け取れますが、逆に言えば、死ぬと打ち切りです。

もし早々に死んでしまうと、年金が増額されても、受給を遅らせた分を挽回できない可能性があるのです。

仮に受給開始を5年間繰下げた場合（70歳より受給開始）には、だいたい82歳が損益分岐となる年齢で、これ以上長生きすれば有利だとされています。

ある程度お金に余裕があり、健康に自信のある人は、選択肢のひとつとして知っておいて損はないでしょう。

公的年金を増やす方法④ 加給年金の受給資格を得る

加給年金の受給条件と金額

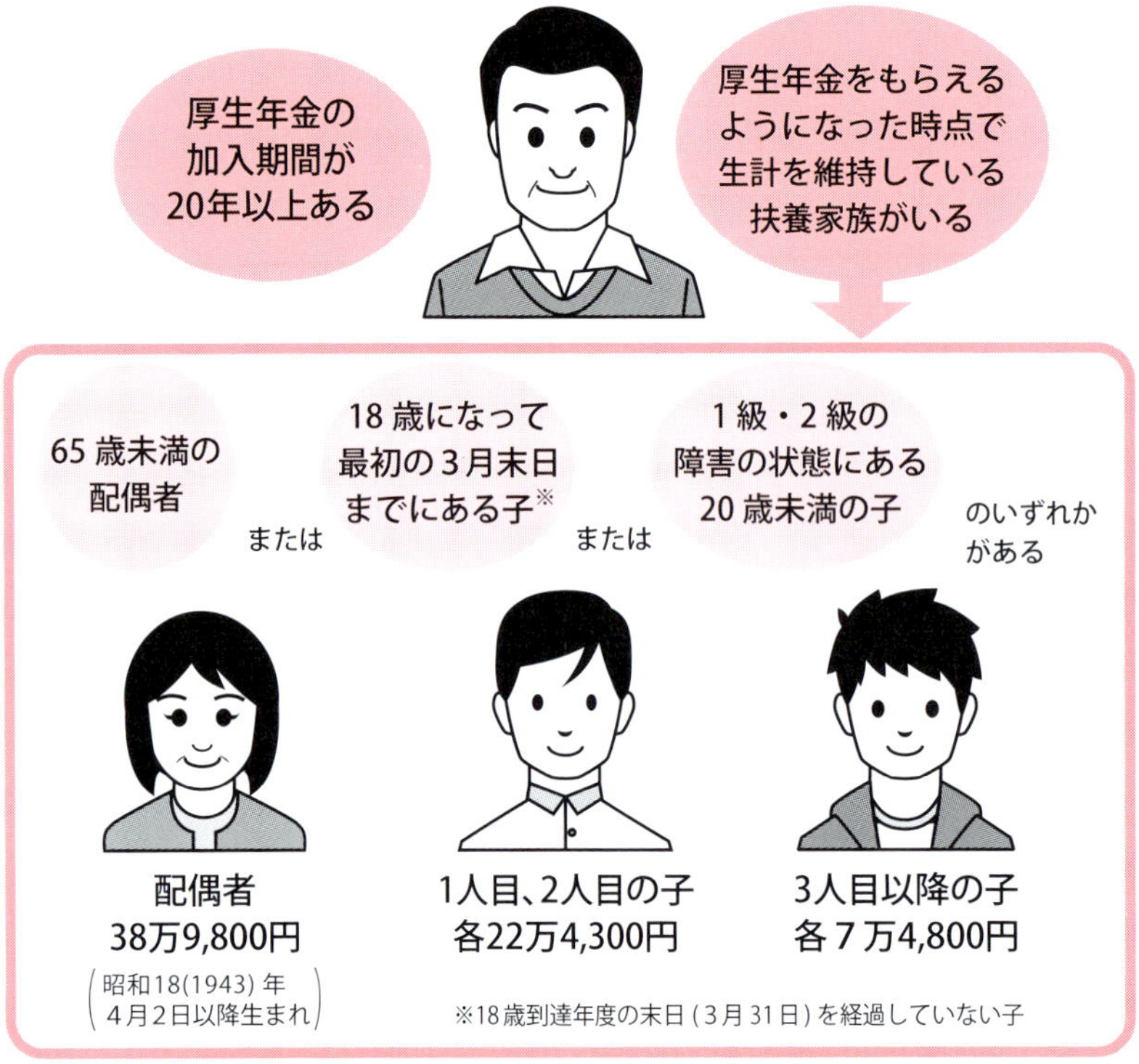
配偶者の厚生年金の加入期間が20年未満
（老齢厚生年金を受給している場合）
配偶者や子の年収が850万円未満

受給の条件に注意！

※夫が厚生年金の受給を繰下げると妻は加給年金をもらえなくなる
※退職共済年金（組合員期間20年以上）または障害年金を受けられる間は、配偶者加給年金は支給停止される

妻が65歳になるまでもらえる

加給年金とは、年金の家族手当のようなもので、年金を受け取るときに、その人によって生計を維持されている**65歳未満の配偶者**（詳細は上図参照）**がいる場合など**にもらえます。

妻の場合、最大で年間約40万円。これが毎年、妻が65歳になるまで受け取れるのです。しかも、65歳以降も、条件をクリアすれば「振替加算」が受けられるのです（詳細は左上の図参照）。

ただし、加給年金を受け取るには、条件があります。それは**夫の厚生年金の加入期間が20年以上あること**などです。

多くの人はクリアできる条件だと思いますが、念のため加入期間を確認しておいた

Point

扶養家族がいる人で年金の受給を開始した人には特典があるかも？

65歳以降の「振替加算」

**配偶者が65歳になっても
妻の基礎年金に「振替加算」が上乗せされる**

年齢差が５歳の夫婦の場合

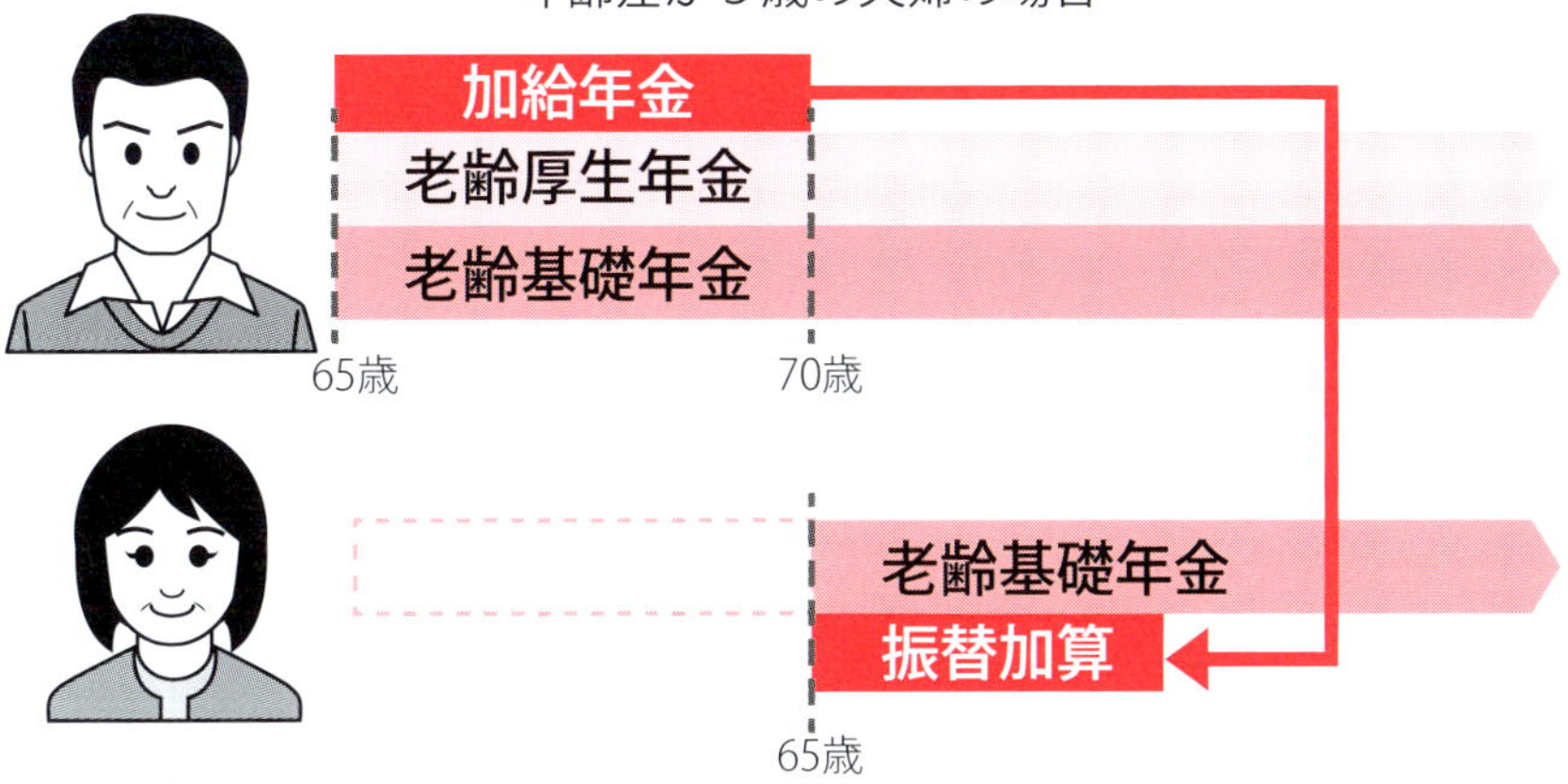

昭和41年4月1日までに生まれている

老齢基礎年金支給資格を持っている

基礎年金支給を繰り下げていない

などの条件がある

配偶者の生年月日	振替加算額（年額）
昭和34年4月2日～35年4月1日	2万6,916円
昭和35年4月2日～36年4月1日	2万860円
昭和36年4月2日～41年4月1日	1万5,028円

ほうがよいかもしれません。

妻の勤務歴に要注意

加えて、共働きの場合は、妻の勤務歴にも注意です。というのは、**妻が厚生年金に20年以上加入し、老齢厚生年金を受給すると**、夫が条件を満たしていても**加給年金はもらえない**からです。

厚生年金に加入するのは正社員だけとは限りません。パート勤務であっても、一定要件を満たすと厚生年金に加入します。

もしそれで20年以上加入してしまうと、加給年金は1円ももらえません。きっちり確認した上で、20年に達するまでに退職することも検討しておきましょう。

ただ、加給年金の受取期間が短い場合や、妻の収入が高い場合など、妻が働き続けて妻自身の年金額を増やすほうが有利なケースもあります。そのあたりは、今から夫婦で話し合っておきたいものです。

さて、ここまでは公的年金を増やす方法について見てきましたが、次からは、「自分年金」を増やす方法を見てみましょう。

自分年金をつくる方法①
財形年金貯蓄を始める

財形貯蓄の種類と特徴

財形貯蓄は３種類

- 一般財形貯蓄：自由に使える
- 財形住宅貯蓄：住宅取得が目的
- **財形年金貯蓄**（貯蓄型）

入れるのは55歳未満まで（契約時）（５年以上の継続が必要）	目的は老後の年金（60歳以降に年金方式で受け取る）	積立上限は元利合計550万円（財形住宅貯蓄との合算）

メリット

- 天引きだから貯めやすい
- 利子が非課税

デメリット

- 中途解約や目的以外の払出しをするとペナルティがある
- 受け取りは60歳から
- 金利は低い

普通の預金と比べると有利だけど…
目的が明確な分後で考えを変えると不利なのか…

給与からの天引きだから貯めやすい

会社員なら、「財形貯蓄」という言葉を一度は耳にしたことがあるはずです。

給与から天引きで行う積立てのことで、強制的にお金が貯まります。この給料からの「天引き」効果だけでも、将来の年金を増やすための大きな武器となります。

財形貯蓄は目的に応じて、上記の3種類を使い分けますが、今回お勧めするのはもちろん**「財形年金貯蓄」**です。

現役時代から積み立てていたお金を、60歳以降、公的年金と同じように、毎月一定額を受け取ることになるので、まさに「自分年金」と呼ぶにふさわしいでしょう。

導入企業は年々減少傾向にありますが、もし導入されていれば、ぜひとも利用した

Point

天引きで貯め続けることができるので貯蓄が苦手という人には財形がおすすめ

お金の貯め方と受け取り方

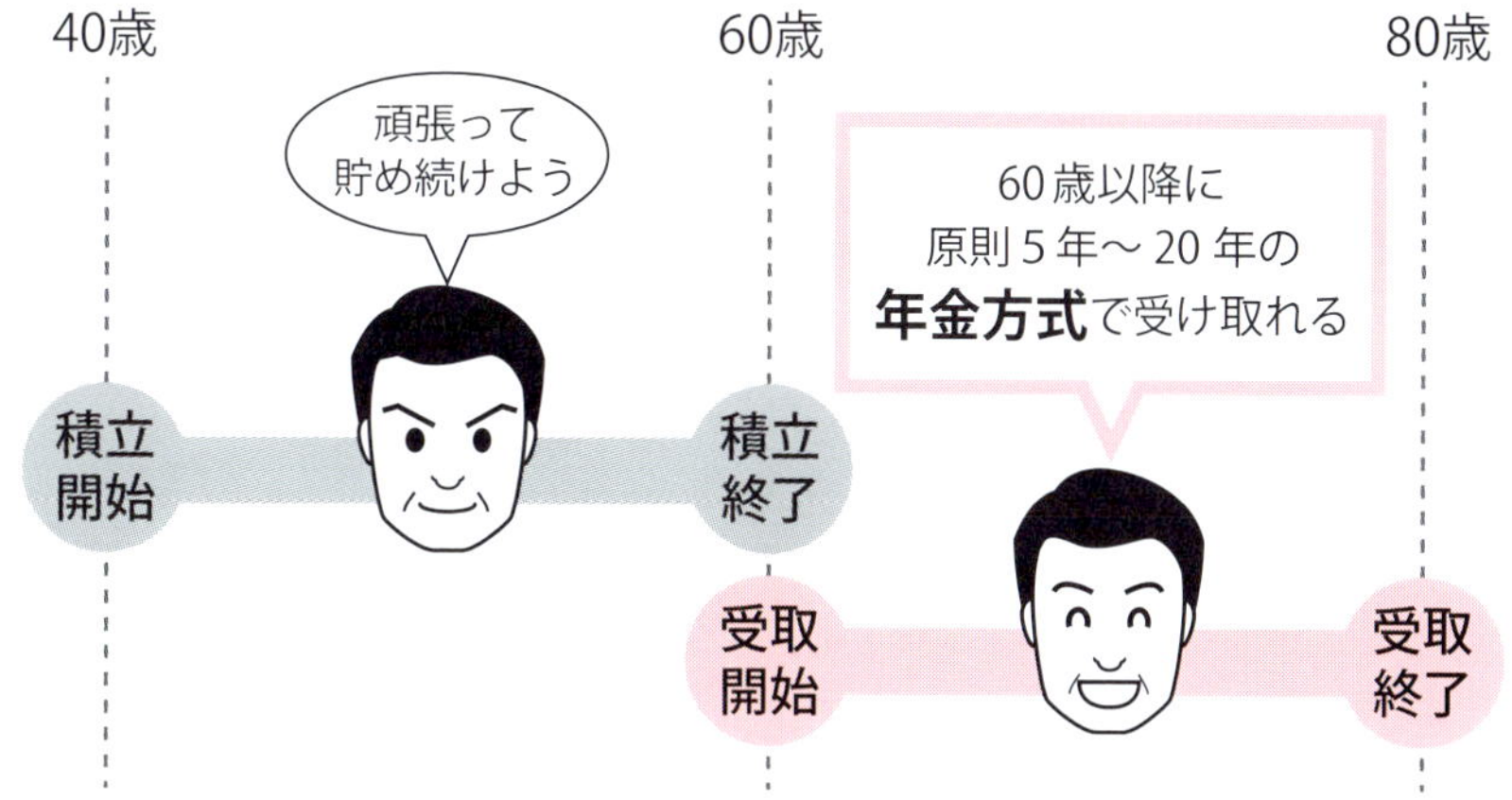

天引きは効果的

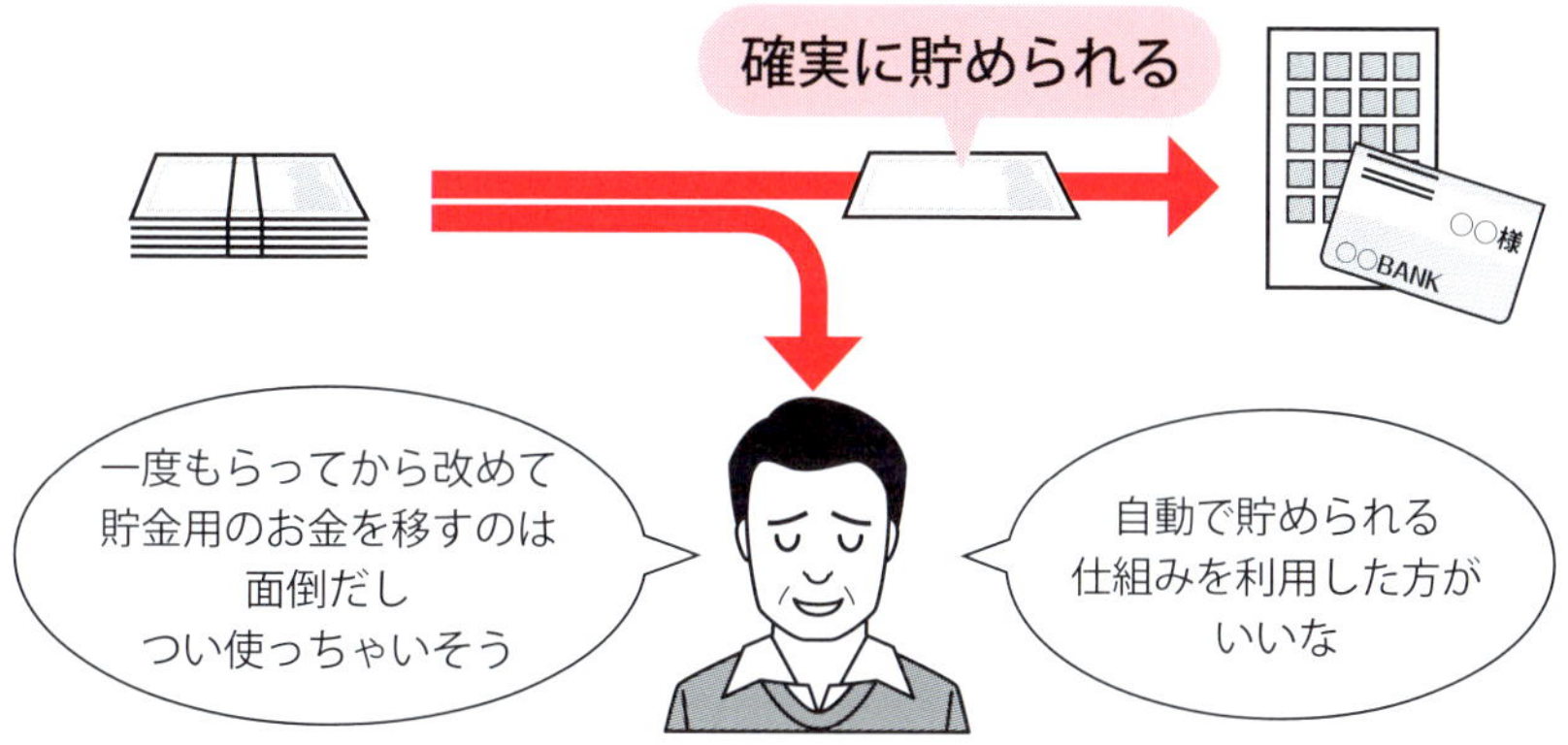

いところです。

利子が非課税になる

注目すべきは**税金面のメリット**です。

本来、預貯金の利子には20%（2037年までは復興特別所得税が加わり20・315%）の税金がかかるのですが、財形年金貯蓄での預貯金は、一定金額までの利子が、なんと**非課税**となるのです。

ちなみに、中途解約や目的以外の払出しをすると、5年間さかのぼって利子に課税されてしまいます。

この点はデメリットではありますが、逆に言うと、「損をしたくない」という人間の自然な気持ちから、途中で貯蓄をやめるのが難しくなります。

正直に言って、金額的なことだけを言えば、今の超低金利の中、それほど大きなメリットではないかもしれません。でもこの制度は、「自分は貯蓄が苦手」という方にはぴったりです。わずかな手間で始められるのですから、検討してみてはいかがでしょうか。

自分年金をつくる方法②

付加年金と国民年金基金

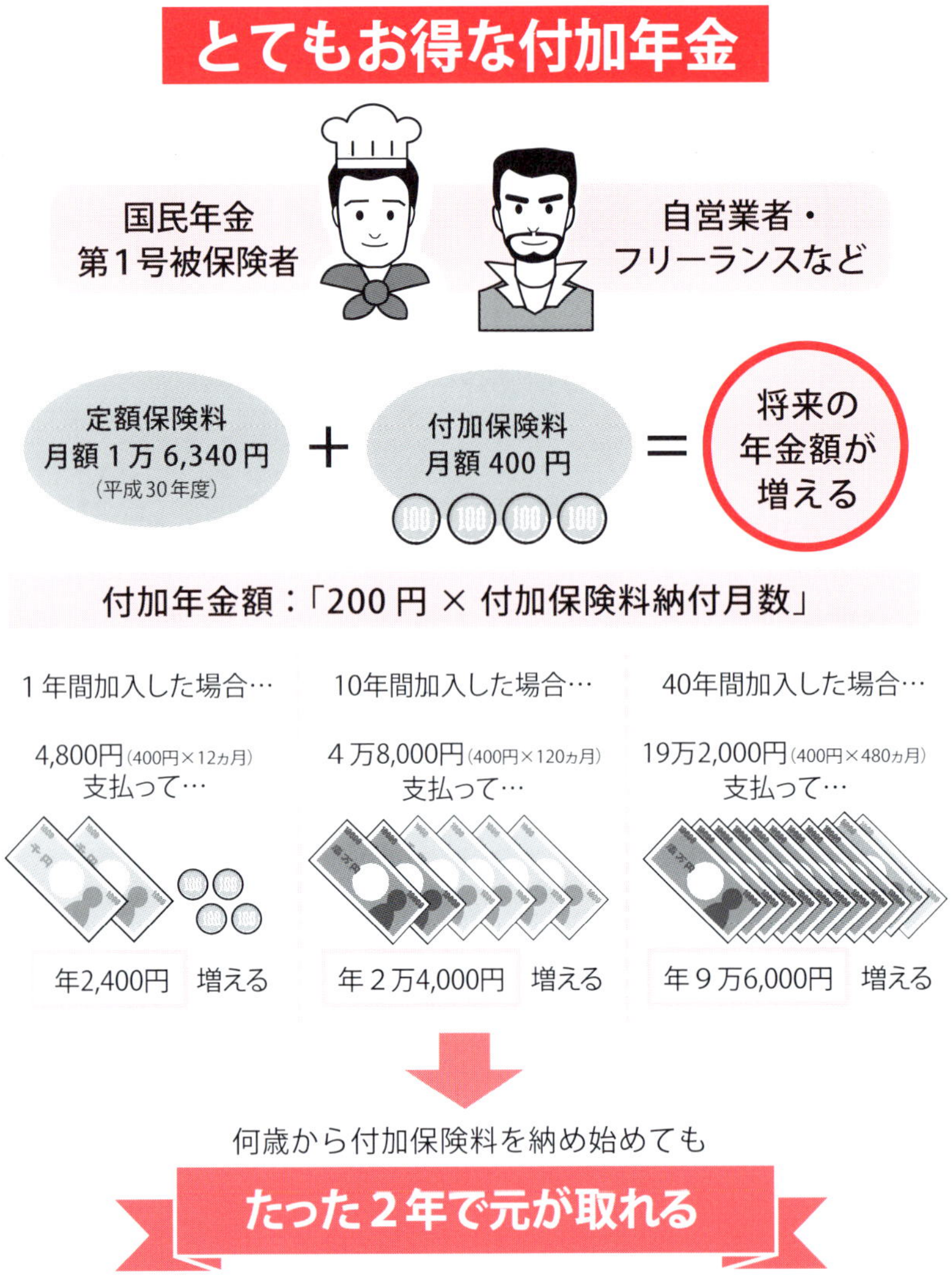
とてもお得な付加年金
国民年金
第1号被保険者
自営業者・
フリーランスなど
定額保険料
月額1万6,340円
（平成30年度）
＋
付加保険料
月額400円
＝
将来の
年金額が
増える
付加年金額：「200円 × 付加保険料納付月数」
1年間加入した場合…
4,800円（400円×12ヵ月）
支払って…
年2,400円　増える
10年間加入した場合…
4万8,000円（400円×120ヵ月）
支払って…
年2万4,000円　増える
40年間加入した場合…
19万2,000円（400円×480ヵ月）
支払って…
年9万6,000円　増える
何歳から付加保険料を納め始めても
たった2年で元が取れる

自営業者は将来の年金を増やせる

会社員の財形年金貯蓄に対して、自営業者には付加年金や国民年金基金という武器があります。

これらは、自営業者などの「国民年金第1号被保険者」が、**上乗せ年金**として任意に加入することができるというものです。

こちらもアピールしたいのは、やはり**税金面でのメリット**で、前項で紹介した財形年金貯蓄以上の大きなメリットがあります。

まず、いずれの掛金も、その**全額が所得控除の対象となり、所得金額から差し引かれます。**

これにより、最低でも支払った掛金額の15％程度、税金（所得税・住民税）が安くなる

Point

自営業者には、年金を増やすための割の良い方法が準備されている

余裕があれば国民年金基金

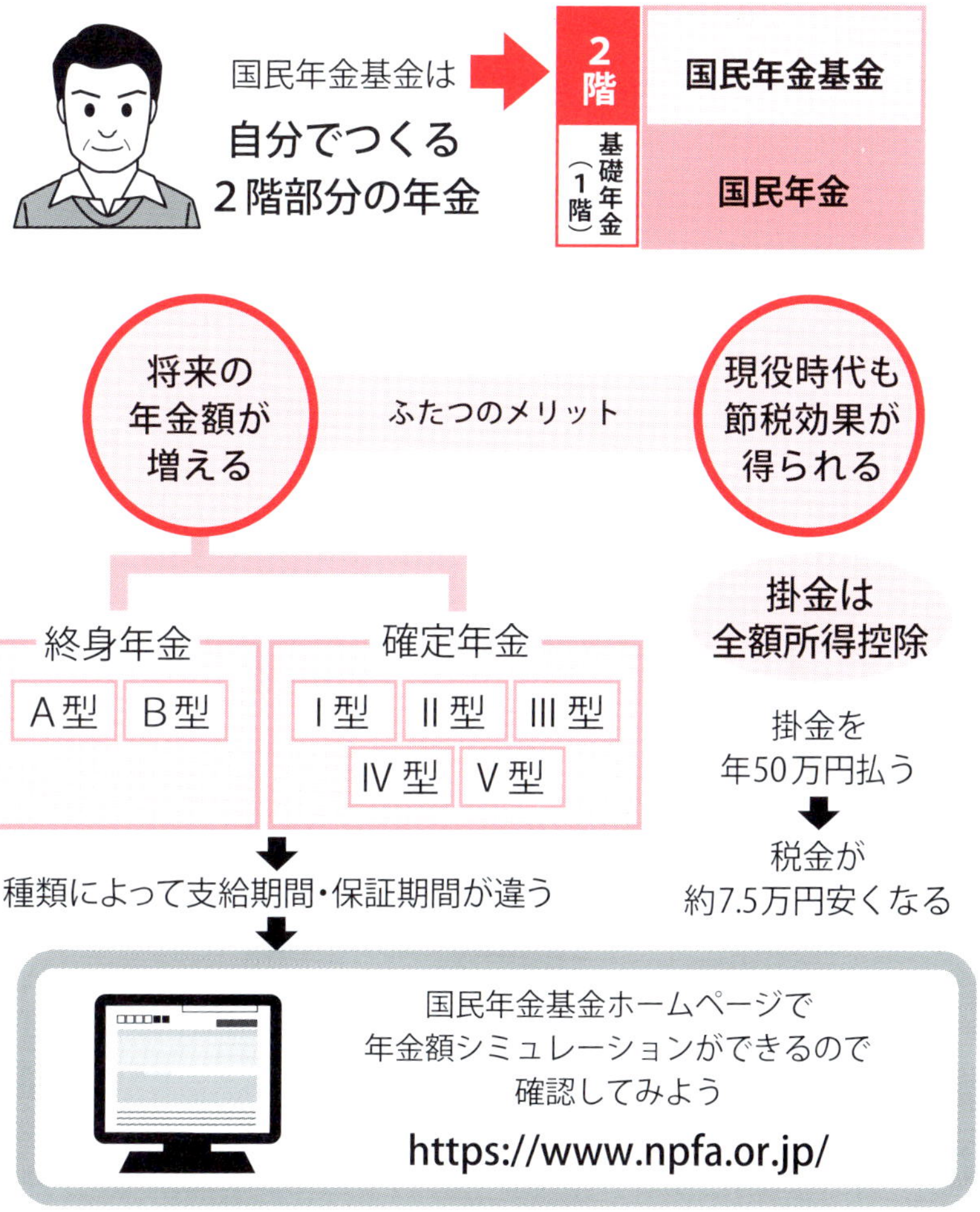

のです。

また、受け取った年金額からは、公的年金等控除額として、無条件に一定額が差し引かれます。これにより、かかってくる税金は有利に計算することができるのです。

付加年金のお得なところは、しくみがいたってシンプルという点と、コストパフォーマンスが抜群である点です。なんと、**2年で元が取れる年金**なのです。

余裕がある人には国民年金基金

ただ、掛金があまりにも少額なのが難点です。

一方、国民年金基金の掛金は、最高で月額6万8000円まで設定することができます。なので、給付型や年齢・性別にもよりますが、将来、相当な年金額を受け取ることができるのです。余裕がある人は、こちらの方がいいかもしれません。

なお、付加年金と国民年金基金は**いずれか一方にしか加入できない**ので、ご注意ください。

自分年金をつくる方法③
確定拠出年金を始める

確定拠出年金で選べる選択肢

預金
保険
投資商品
（投資信託）
○○様
○○BANK
みんなの資金を集めて投資

3つのメリット
- 将来の年金額を自分で増やせる
- 掛金は全額所得控除
- 運用益はすべて非課税

一般的な預貯金との比較

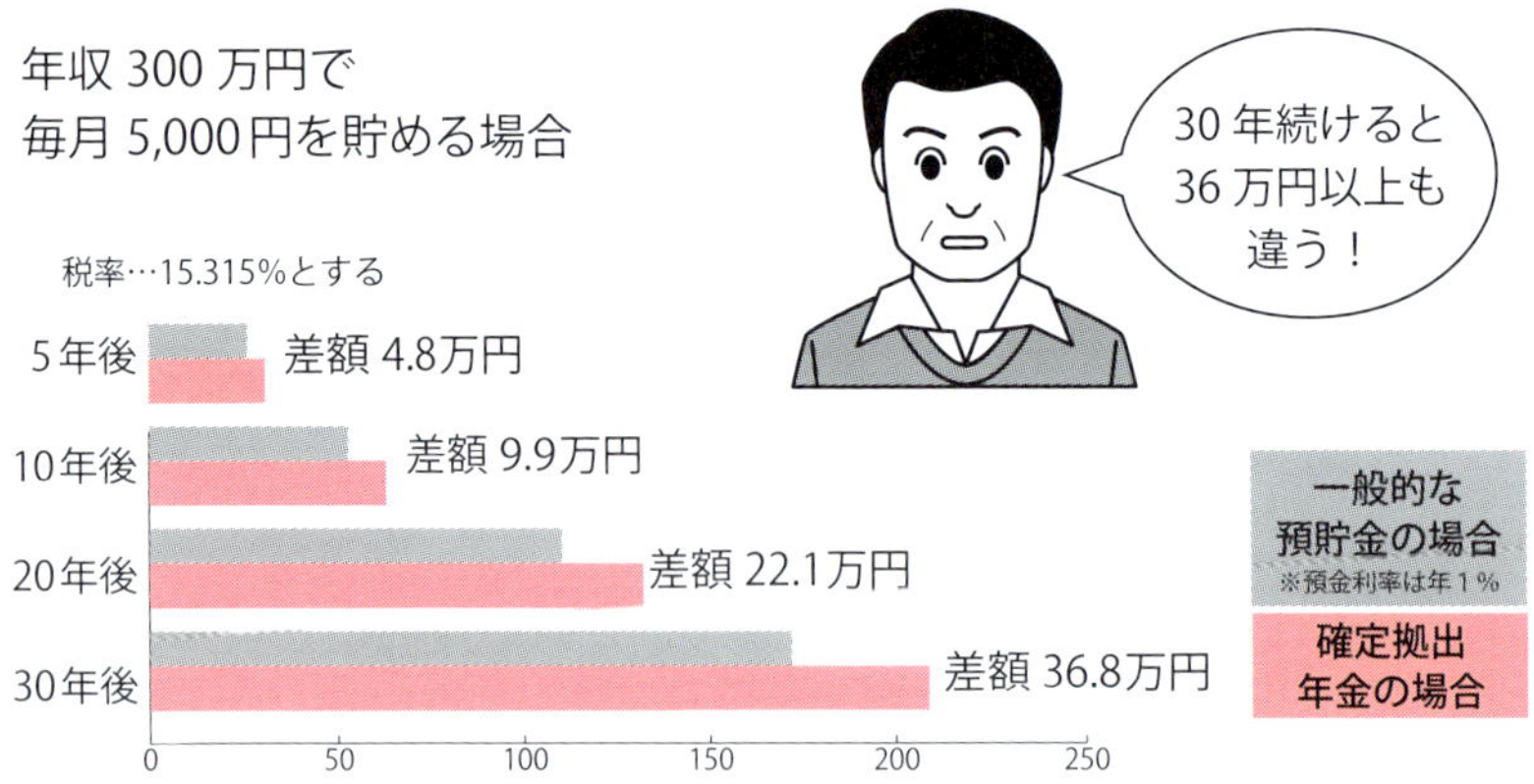
年収 300 万円で
毎月 5,000円を貯める場合
30 年続けると
36 万円以上も
違う！
税率…15.315%とする
5年後
差額 4.8万円
10年後
差額 9.9万円
20年後
差額 22.1万円
30年後
差額 36.8万円
0
50
100
150
200
250
一般的な預貯金の場合
※預金利率は年１%
確定拠出年金の場合

自分で運用して将来の年金を増やす方法

確定拠出年金とは、**自分で運用する年金**のことです。

国内株式・国内債券・外国株式・外国債券など、選んだ商品を運用することによって、年金資産は増えたり減ったりします。その結果、将来受け取る年金額も変わってくるのです。

名前には「年金」とありますが、**資産運用と思った方がよいでしょう。**

2つの種類がある

確定拠出年金には**「企業型」**と**「個人型」**の2種類があります。

企業型は、企業年金のひとつです。

Point

確定拠出年金は税金面でのメリットが多いので年金を増やしたい人におすすめ

確定拠出年金の種類

個人型（愛称は「iDeCo」）		企業型
 60 歳未満であれば原則として誰でも OK	加入できる人	 「企業型」を導入した企業の従業員（原則 60 歳未満）
 本人	掛金を出す人	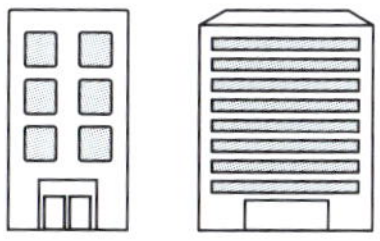 企業（従業員が上乗せ拠出できる場合もある）
国民年金第 1 号被保険者（自営業者など）81.6万円 国民年金第 3 号被保険者（サラリーマンの妻など）27.6万円 公務員 14.4万円 企業年金制度のある企業の従業員 14.4万円～24万円 企業年金制度が何もない企業の従業員 27.6万円	掛金上限（年額）	他の企業年金もある場合 33 万円 企業型確定拠出年金のみの場合 66 万円

勤務先が導入すれば、原則としてすべての従業員が加入者となります。

そして、会社が委託した金融機関から投資信託などの複数の商品を提示され、そこから自身の年金資産を運用する商品を選ぶことになります。

掛金は会社が出してくれるのですが、従業員個人も掛金を上乗せ拠出できます。

任意で加入する個人型確定拠出年金

個人型は、個人年金のひとつです。２０１７年より、60歳未満であれば、ほとんどの人が加入できるようになりました。窓口は銀行や証券会社となり、各人で申し込むことになります。前述の企業型と違って、**自分の意志で加入**することになります。なお、**掛金は全額自己負担**となります。

税金面でのメリットは企業型と同じなので、普通に運用するよりも、もちろん有利。「うちの会社には企業年金がない」と嘆いている人も、自助努力ができるのです。

コラム

ねんきん定期便で自分の記録を確認しよう

21ページでも言及しましたが、日本年金機構からは毎年、年金に関するお知らせが届きます。その中でも、節目となる35歳、45歳、59歳時に送られてくる封書の「ねんきん定期便」は重要で、年金加入期間、加入履歴などを細かく確認できるようになっています。

以下は59歳時に届く「ねんきん定期便」の書面です。万が一記載漏れなどがあった場合は、すぐに訂正の連絡をしてください。

これまでの『年金加入履歴』です。
表示している『年金加入履歴』に「もれ」や「誤り」がないかご確認ください。
（このお知らせは、見方ガイドの6～9ページをご覧ください。）

①番号	②加入制度	③お勤め先の名称等	④資格を獲得した年月日	⑤資格を失った年月日	⑥加入月数
1	厚年	厚生年金保険	平成 4. 4. 1	平成 5. 10. 1	18
		(基金加入期間	平成 4. 4. 1	平成 5. 10. 1	)
2	国年	第1号被保険者	平成 5. 10. 1	平成 7. 4. 1	18
		(空いている期間があります。			)
3	厚年	株式会社東京	平成 7. 10. 1	平成16. 4. 1	102
4	国年	第3号被保険者	平成16. 4. 1		120

枠の中を
チェックして
間違いや漏れがあれば
訂正してもらおう

⑦国民年金（a）										⑧船員保険（c）	
納付済月数	全額免除月数	半額免除月数	4分の3免除月数	4分の1免除月数	学特等月数	第3号月数	納付済等月数 計	付加保険料納付済月数(再掲)	未納月数(※)	加入月数	加入期間
14	0	0	0	0	0	120	134	(0)	1	0	0

⑨厚生年金保険（b）								⑩年金加入期間合計（未納月数を除く）	⑪合算対象期間等	⑫受給資格期間
一般厚生年金(厚年)		公務員厚生年金(公共)		私学共済厚生年金(私学)		厚生年金保険 計				
加入月数(基金)	加入期間(基金)	加入月数(経過的職域)	加入期間(経過的職域)	加入月数(経過的職域)	加入期間(経過的職域)	加入月数(基金)(経過的職域)	加入期間(基金)(経過的職域)	(a＋b＋c)	(d)	(a+b+c+d)
120 (18)	120 (18)	0 (0)	0 (0)	0 (0)	0 (0)	120 (18) (0)	120 (18) (0)	254	3	257

※納付期限内に保険料を納めた場合であっても（口座振替も同様）、情報が反映されるまで最大３週間程度かかることがあるため、「未納月数」に含まれている場合があります。

3章

保険を見直す

死亡保険はいま必要か？
これからの死亡保障を考える

これまでの保障
万一があると家族が困るから…
医療保障
死亡保障
家族の年齢が若いうちはどちらも必要
世帯の年間払込保険料（全生保）は
平均で 38.2万円（2018年）
これからの保障
子供が独立して身軽になった
医療保障
死亡保障
死亡保障の必要がなくなる

健康なうちに見直しておきたい

50代ともなれば、体に何かしら不安を抱えるものです。

しかしご存じのとおり、持病があると、新たに保険に入ることは難しくなります。なので、健康なうちに保険を見直しておきましょう。

保障は大きく分けて、**死亡保障**と**医療保障**の2つです。

ここではまず死亡保障について、どのように考えればいいか見てみます。

死亡保障は必要か？

若いときに死亡保険に入り、見直すきっかけのないまま保険料を払い続けている人

Point

遺族年金などの諸制度も計算に入れて、いまの自分に必要な保障を考えよう

会社員の遺族年金

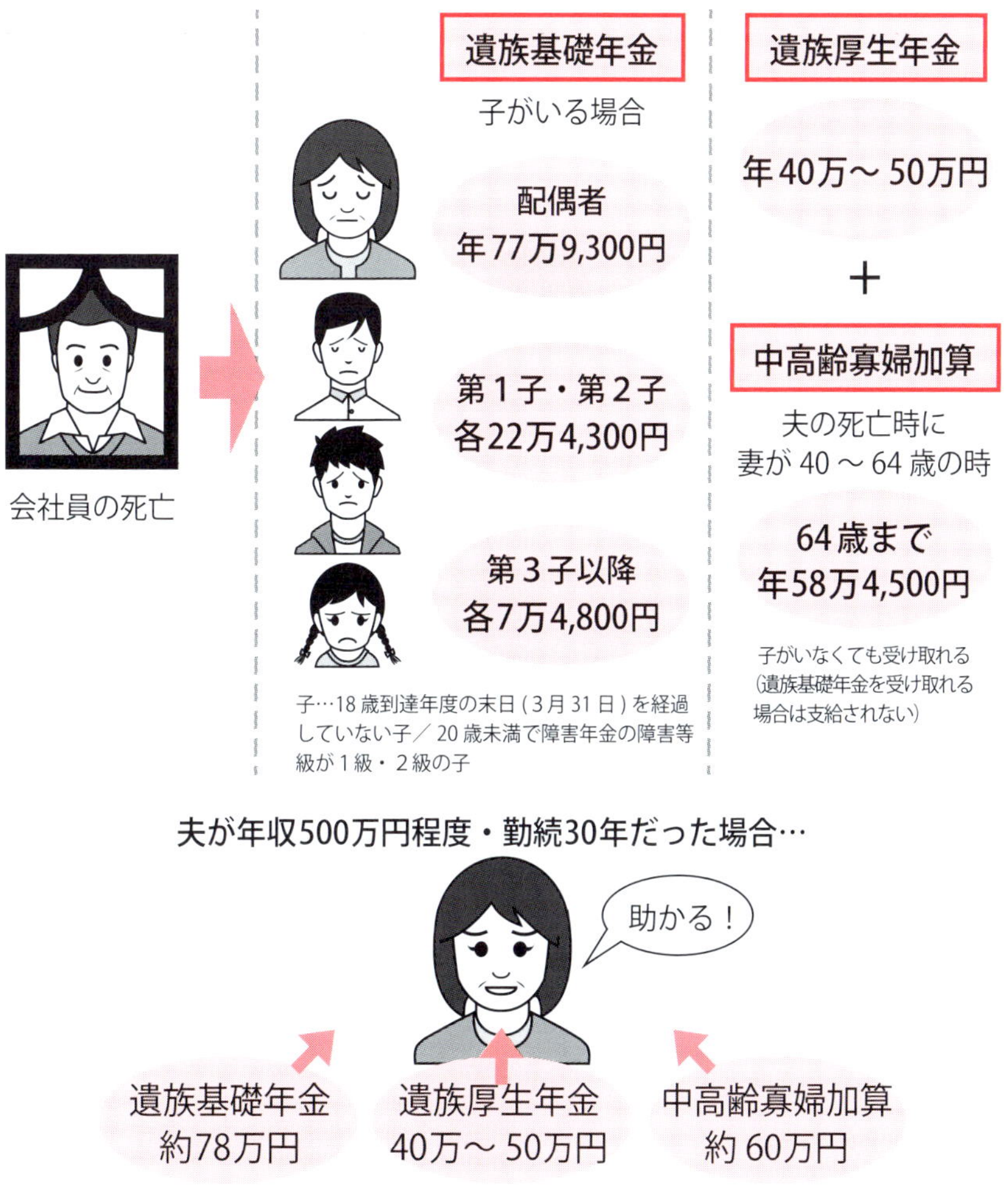

遺族基礎年金
子がいる場合
配偶者
年77万9,300円
第1子・第2子
各22万4,300円
第3子以降
各7万4,800円
子…18歳到達年度の末日（3月31日）を経過していない子／20歳未満で障害年金の障害等級が1級・2級の子
会社員の死亡
遺族厚生年金
年40万～50万円
＋
中高齢寡婦加算
夫の死亡時に
妻が40～64歳の時
64歳まで
年58万4,500円
子がいなくても受け取れる
（遺族基礎年金を受け取れる場合は支給されない）
夫が年収500万円程度・勤続30年だった場合…
助かる！
遺族基礎年金
約78万円
遺族厚生年金
40万～50万円
中高齢寡婦加算
約60万円

も少なくないと思います。

死亡保険金額を合計してみると、ウン千万円などと、けっこうな金額になるのではないでしょうか。

しかし、その金額は、はたして本当に必要でしょうか？

子供が小さいうちは大きな死亡保障が必要となるでしょう。しかし子供が成長するにつれ、必要な死亡保障は減っていきます。親が50代になる頃には、子供は成人していることが多いでしょう。そうなれば、**死亡保障ははっきり言って必要ない**のです。

また、会社員であれば通常、厚生年金からも**遺族年金**が受け取れます。

夫が年収500万円程度で勤続30年だったとすると、妻は40～50万円の遺族厚生年金を一生涯、また64歳になるまでは60万円弱の**中高齢寡婦加算**を受け取ることができます。合計すると、それなりの金額が見込めることが分かります。

となると、いま契約している死亡保険については、基本的に解約の方向で考えてもよいでしょう。

病気にかかる可能性は上がっていく

これからの医療保障を考える

医療費の推移

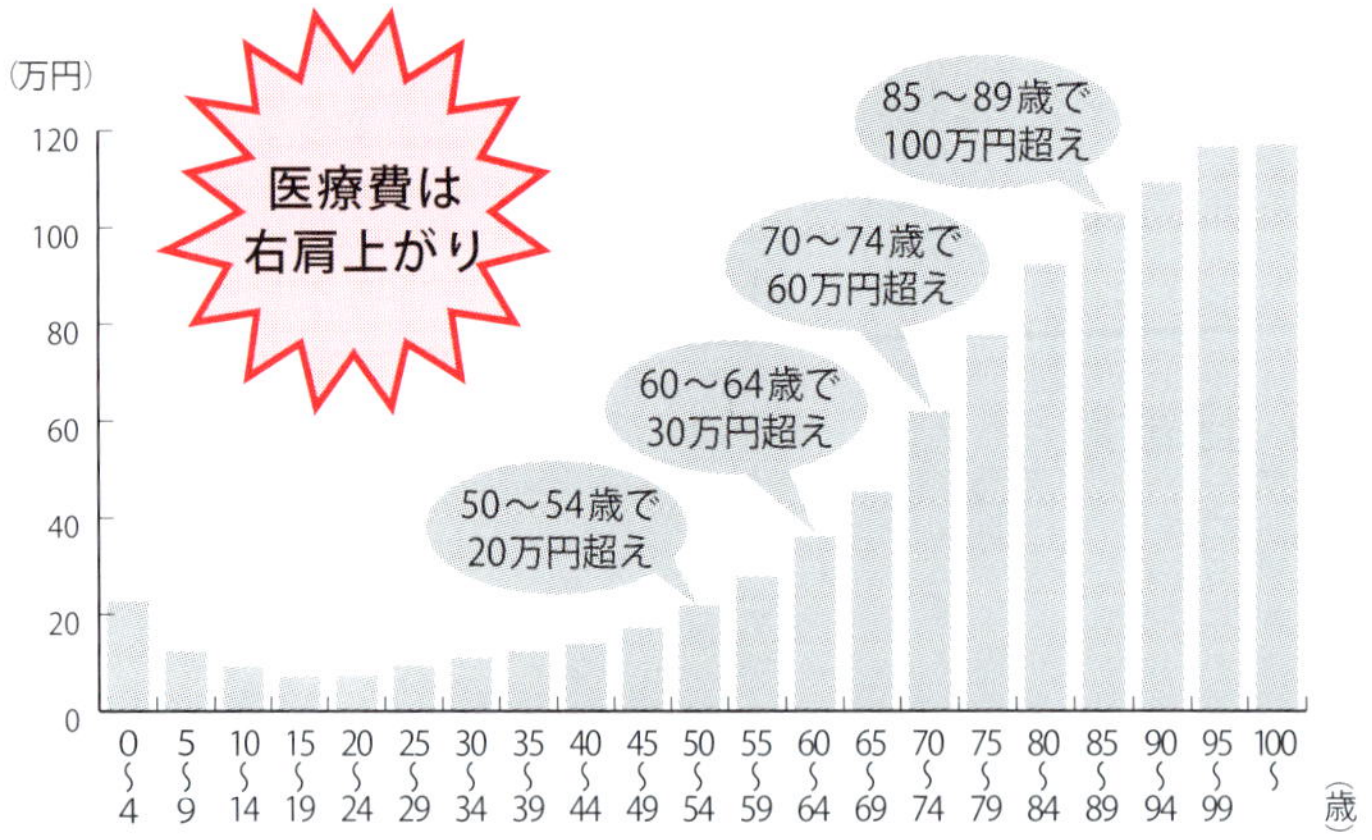
（万円）
120
100
80
60
40
20
0
医療費は右肩上がり
50〜54歳で20万円超え
60〜64歳で30万円超え
70〜74歳で60万円超え
85〜89歳で100万円超え
0〜4
5〜9
10〜14
15〜19
20〜24
25〜29
30〜34
35〜39
40〜44
45〜49
50〜54
55〜59
60〜64
65〜69
70〜74
75〜79
80〜84
85〜89
90〜94
95〜99
100〜
（歳）

厚生労働省「医療保険に関する基礎資料」（平成26年度）

ガンの罹患率

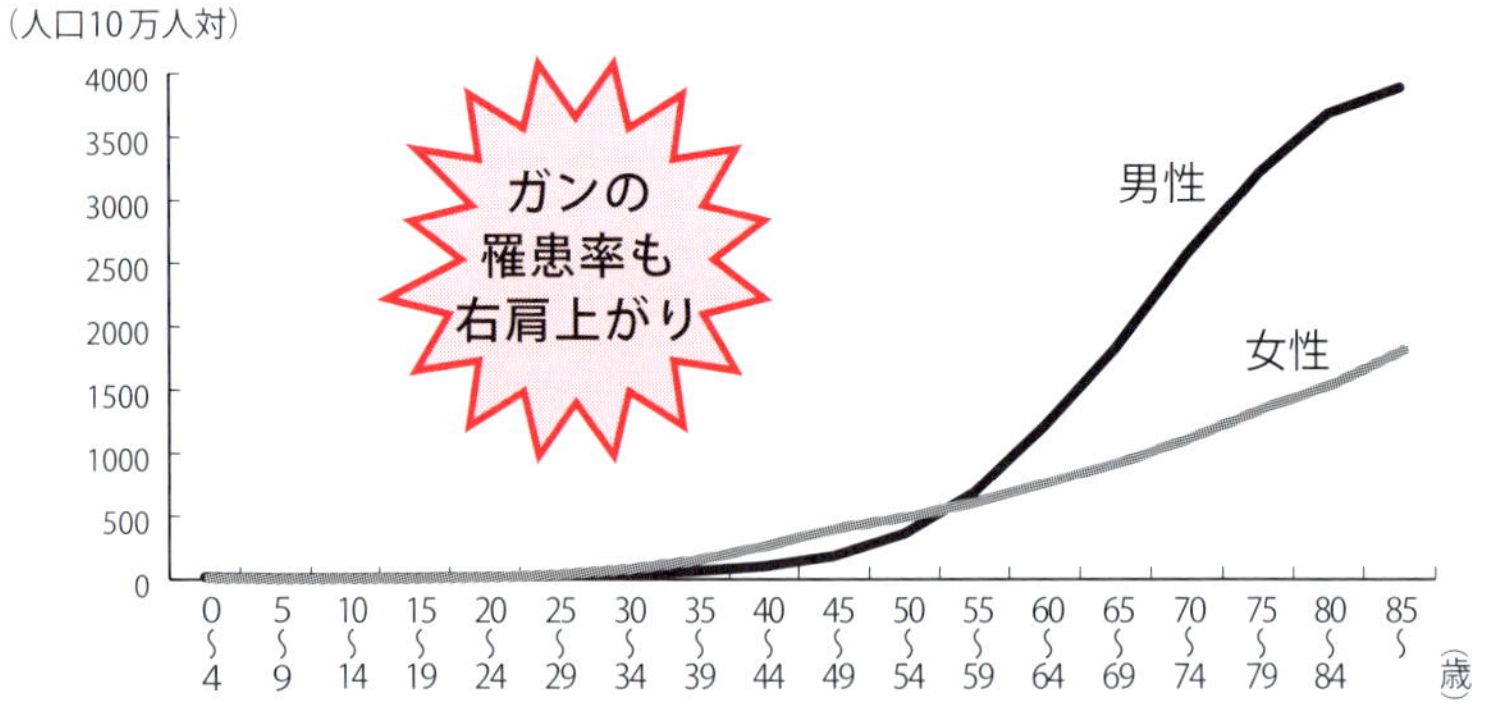
（人口10万人対）
4000
3500
3000
2500
2000
1500
1000
500
0
ガンの罹患率も右肩上がり
男性
女性
0〜4
5〜9
10〜14
15〜19
20〜24
25〜29
30〜34
35〜39
40〜44
45〜49
50〜54
55〜59
60〜64
65〜69
70〜74
75〜79
80〜84
85〜
（歳）

国立研究開発法人国立がん研究センターがん対策情報センター
「地域がん登録全国合計によるがん罹患データ」（2014年）

年齢とともに医療費は右肩上がりになる

50代ともなれば、慢性的に何らかの病気を抱えることも多くなるでしょう。

そうなると、若い頃はあまり気にしていなかった医療保障が気になるところ。とくに入院・手術ともなると、大きな金銭的負担がかかってくるわけですから。

その金銭的負担に備えるのが、医療保険やガン保険です。

当たり前ですが、年をとるほど病気の可能性は高くなります。とくにガンの罹患率は、60代に入るとグンと跳ね上がります。ガンが気になる人は、早めに手を打っておきたいところです。

病気の中でもガンのみに絞ったガン保険は、入院・手術以外にも、診断時に50〜

Point

年齢が上がるにつれ医療費も上がっていくことを覚悟しておこう

病気になったらどうなるか

病気になった時にふりかかるふたつのショック

治療にかかる**医療費**

働けなくなることによる**逸失収入**

直近の入院時の自己負担費用と逸失収入の総額（平均）

40歳代	50歳代	60歳代
28万円	32.3万円	25.6万円

生命保険文化センター「生活保障に関する調査」平成 28 年度

年齢別保険料の例

性別：男性
入院給付金日額：1 万円
保険期間：終身
保険料払込期間：終身定額払い

（アフラック「ちゃんと応える医療保険EVER」（通院ありプラン（特約なし）））

契約時年齢	月払保険料
20 歳	3,020 円
30 歳	3,750 円
40 歳	4,910 円
50 歳	7,470 円
60 歳	1 万 1,590 円

やっぱり保険に入った方がいいかな？

決める前に…　→　**公的医療保険を確認しよう！**

１００万円程度の診断給付金が受け取れるなど、ガンに対して手厚い保障となっています。

保険に入る前に確認しておきたいこと

前項では、死亡保障は基本的に減らす方向で考えました。

しかし、**医療保障については、今後増やす方向で考えてもよいかもしれません。**

ただ、上の図を見れば分かるように、20〜30代の若者に比べれば、やはり50代の保険料は高額です。

どうすればいいのでしょうか？

つい、あせって保険に入ってしまいたくなるかもしれませんが、その前に、まずは次項で紹介する公的医療保険を知ってください。

私たちはすでに公的医療保険に加入していますが、そのしくみを知っているかいないかで、医療保障に対する考え方もまったく違ってくるのです。

これだけは押さえておきたい

公的医療保険を知っておく

公的医療保険によって医療費は3割で済む

公的医療保険とは、その名のとおり「公」の医療保険のことです。

現在、日本では国民皆保険として、原則としてすべての人が何らかの公的医療保険に加入しています。

会社員は健康保険、自営業者などは国民健康保険などと、職業や年齢などによって加入する公的医療保険は異なります。

公的医療保険のおかげで、私たちの医療費の**自己負担は3割**で済みます。

公的医療保険の種類

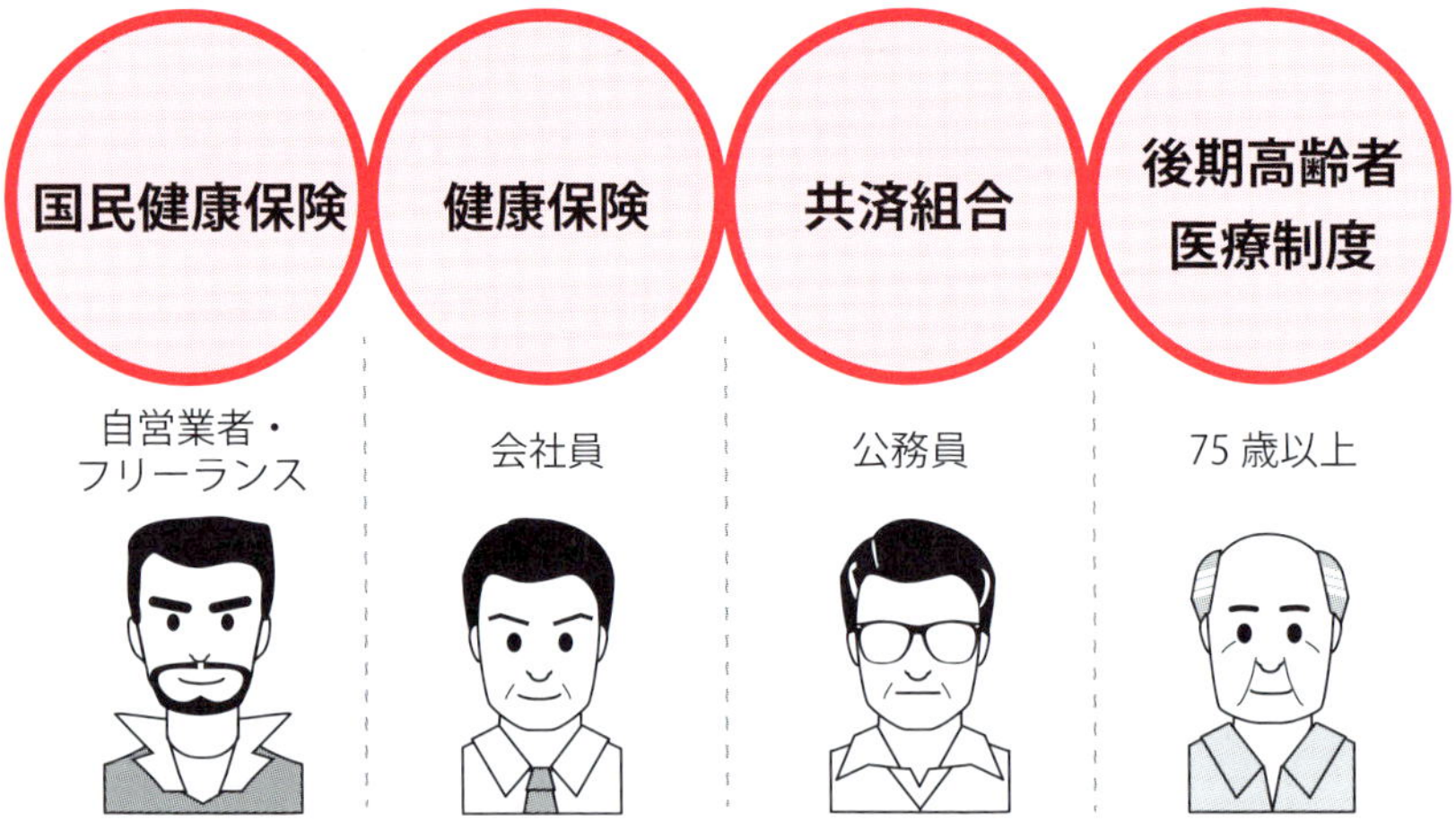
国民健康保険
自営業者・
フリーランス
健康保険
会社員
共済組合
公務員
後期高齢者
医療制度
75歳以上

誰でも利用できる

高額療養費制度

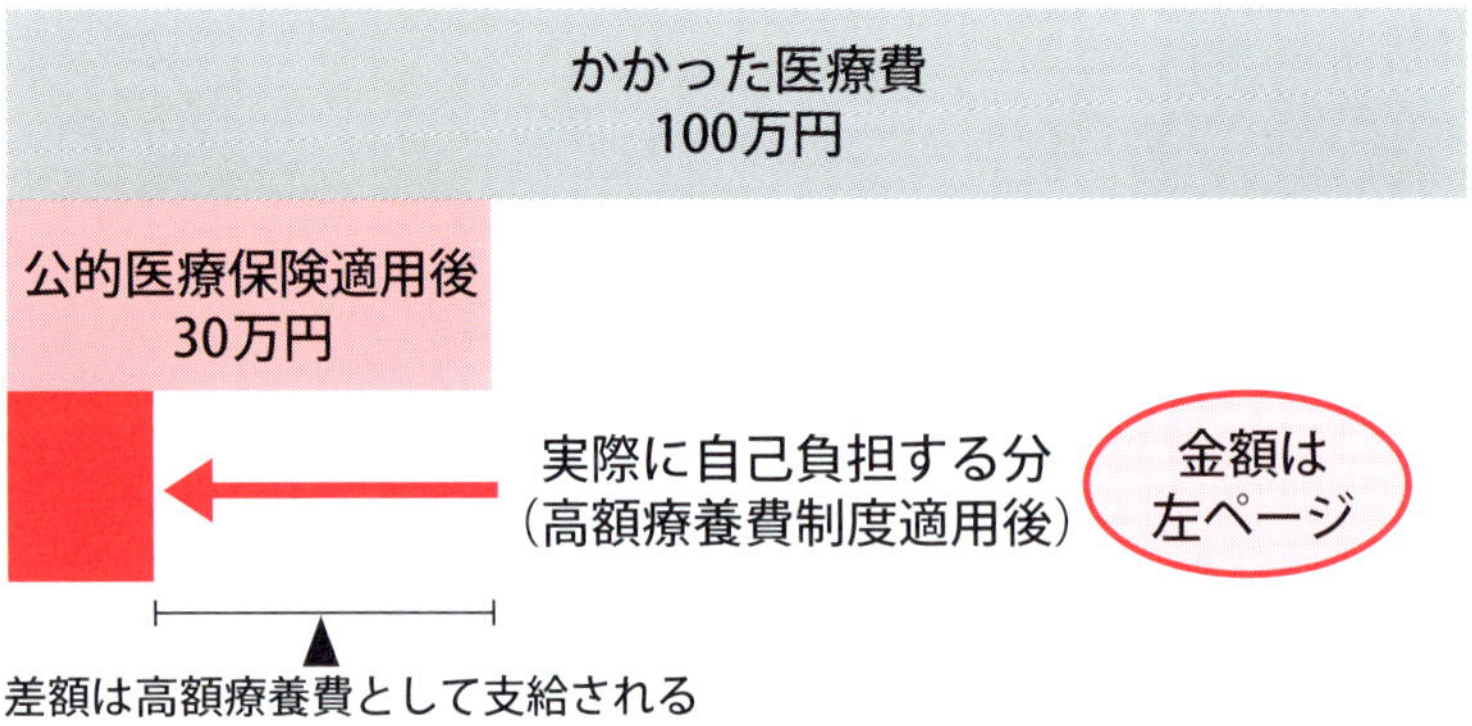
かかった医療費
100万円
公的医療保険適用後
30万円
実際に自己負担する分
(高額療養費制度適用後)
金額は
左ページ
差額は高額療養費として支給される

高額療養費制度によってさらに安くなる

ただ、医療費そのものが高額になる場合

Point

公的医療保険のおかげで、実際の自己負担はそれほど高額にはならない

自己負担の上限額

69歳以下

適用区分	1ヵ月の自己負担上限（世帯ごと）
年収約 1,160 万円～ 健保：標報 83 万円以上 国保：旧ただし書き所得 901 万円超	252,600 円＋(医療費－842,000)×1％
年収約 770 ～約 1,160 万円 健保：標報 53 万～ 79 万円 国保：旧ただし書き所得 600 万～ 901 万円	167,400 円＋(医療費－558,000)×1％
年収約 370 ～約 770 万円 健保：標報 28 万～ 50 万円 国保：旧ただし書き所得 210 万～ 600 万円	80,100 円＋(医療費－267,000)×1％
～年収約 370 万円 健保：標報 26 万円以下 国保：旧ただし書き所得 210 万円以下	57,600 円
住民税非課税者	35,400 円

※医療費には差額ベッド代や入院時食事代は含まない　※70 歳以上は上限額が変わる

＋さらに＋

同世帯分を合算できる（同じ医療保険の加入者限定） **世帯合算**

多数回該当 過去 12 か月以内に 3 回以上上限額に達した場合は 4 回目から上限額が下がる

家族の分を合算できる！
長引く持病があっても何とかなるかな

は、３割でも大きな負担ですよね。医療費が１００万円なら、自己負担は30万円になります。

そこで、ぜひ知っておいてほしいのが、**高額療養費制度**です。

この制度では、上記のように、我々の負担が高額にならないように、ひと月の自己負担額の上限が設けられているのです。

高額療養費制度のおかげで、たとえ医療費が１００万円かかっても、年収が５００万円程度の人であれば、自己負担は８万円程度ですむわけです。

しかも、ここからさらに負担を軽減してくれる**「世帯合算」「多数回該当」**という制度もあります。

同じ医療保険に入っている人の医療費を合算できるのが「世帯合算」です（１人につき月２万１０００円以上分）。

また、定期的に治療が必要になった場合には、「多数回該当」により、負担がより軽くなるのです。

すなわち、**医療費が月に何十万円もかかるということは滅多にない**というのが結論です。

退職後の公的医療保険

選択肢によって保険料は大きく変わる

退職後の公的医療保険の選択肢

退職後の進路
再就職する
無職・自営業者になる
被扶養者になる
今の健康保険に入り続ける
① 勤務先の健康保険に加入する
② 国民健康保険に加入する
③ 家族の健康保険に加入する
④ 任意継続被保険者となる
③だと
タダで健康保険の保障対象になれる
扶養
会社勤めの家族
会社員の妻
「被扶養者」になるんだな
被扶養者となるには…
年収130万円未満（60歳以上は180万円未満）
年収が被保険者本人の年収の2分の1未満
…などが条件

被扶養者になれば保険料は不要

公的医療保険の基本は前項で見ましたが、退職後はどうなるのでしょうか。

退職すると、基本的にその健康保険の被保険者資格を失うことになります。

ただ、先にも述べたように、日本では国民皆保険なので、退職後も何らかの公的医療保険に加入しないといけません。その選択肢が、じつは上の図のように、いろいろあるのです。

この選択肢の中で、**一番お得なのは③です**。この場合、なんとタダで健康保険の保障対象になれるのです。

一方、他の3つについては、保険料を支払う必要があります。

①・④であれば、その算定式はこれまで

支払う保険料には要注意

現役時代		引退後
①勤務先の健康保険	引退 →	②国民健康保険
保険料は原則、給与・ボーナス額の10%程度		所得、資産、世帯人数などにより保険料は異なる

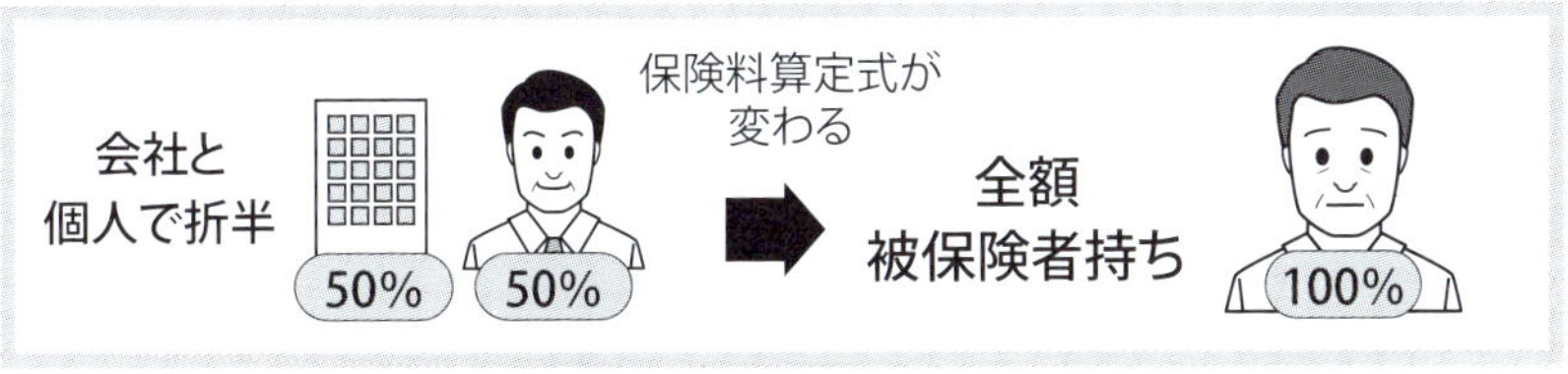
会社と
個人で折半
50%
50%
保険料算定式が
変わる
全額
被保険者持ち
100%

健康保険任意継続制度

・継続して２ヵ月以上の被保険者期間がある
・会社を辞めてから20日以内に申請をする
→ 現役時代の保険にそのまま入り続けることが可能

ただし保険料は全額自己負担

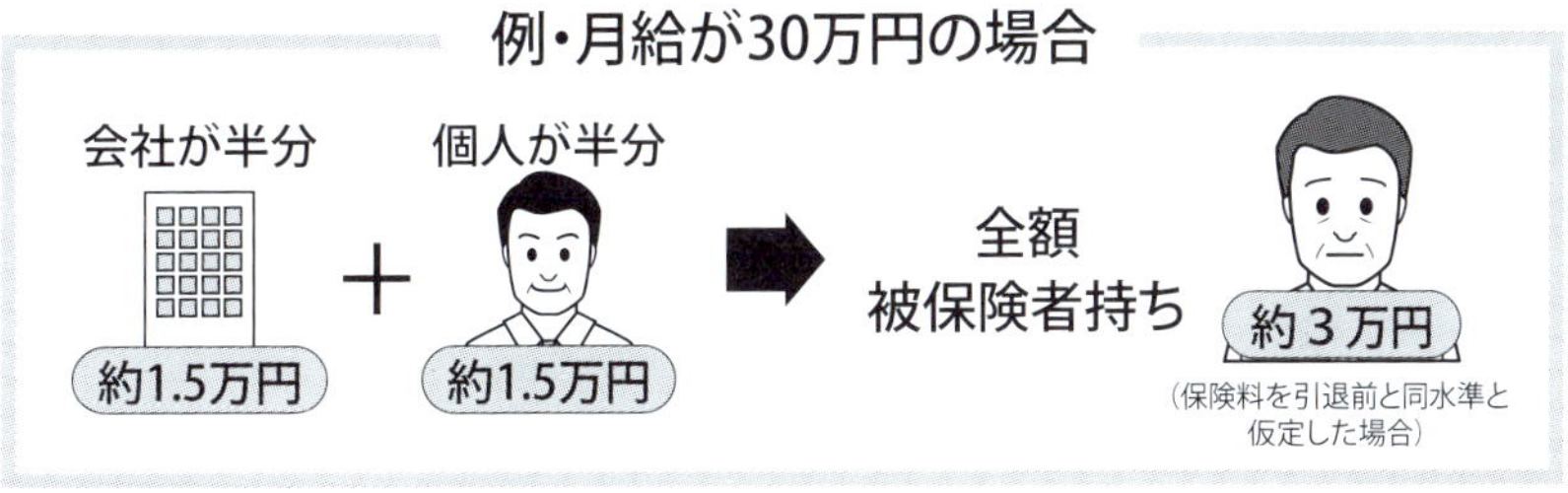
例・月給が30万円の場合
会社が半分
個人が半分
約1.5万円
＋
約1.5万円
全額
被保険者持ち
約３万円
（保険料を引退前と同水準と
仮定した場合）

Point

自分で支払う保険料がいくらになるかを確認したうえで、一番お得な方法を選ぼう

通りですが、**②の場合は要注意**です。

なぜなら、国民健康保険の保険料算定式は、自治体によって異なるからです（国民健康保険の保険者は主に各自治体）。

また、労使折半である健康保険と違って、国民健康保険の保険料は**被保険者が全額支払う**ことになる点にも注意してください。

任意継続被保険者は有利な選択肢

④の任意継続被保険者とは、会社を退職した後も、もとの健康保険の被保険者を継続している人のことです。

条件を満たすことができれば、最長２年間、もとの健康保険に加入し続けられます。

大手企業などは、独自に健康保険組合を作って運営し、特典をつくったりしています。任意継続被保険者になれば、会社を辞めてもその特典を引き続き受けられるので、有利な選択肢です。

ただし、こちらも保険料は全額自己負担となるので、注意が必要です。

公的制度の補助となる 民間の医療保険の注意点

公的保険がきかない治療
一部の歯科治療・
一部の歯科矯正
インプラントや
セラミックの差し歯など
先進医療
がんの陽子線治療
一部の免疫療法など
92種類
（平成30年12月現在）
美容整形
治療費は全額自己負担
将来、高額な治療を
受けたくなることも
あるだろうな
病気に
なってからでは
保険に入れないし…
こんな時は
民間医療保険を検討しよう
民間医療保険
公的医療保険

公的医療保険が使えない治療もある

公的医療保険では、かかった医療費すべてが保障対象になり、3割の自己負担で済みます。なので、一部では「公的医療保険があれば十分で、ある程度の貯金があれば、民間医療保険はいらない」との意見もあるくらいです。

ただ、ご存じのように、高度先進医療、美容整形、一部の歯科矯正、インプラントやセラミックの差し歯などの歯科治療など、**公的医療保険がきかない治療もあります。**

長期療養の不安や、お金がかかっても高度先進医療を受けたいといったニーズもあることでしょう。

そういった場合は、民間の医療保険を検

Point

先進医療などの公的保険ではまかなえないものには民間の保険で備えよう

保険を選ぶ時の注意点

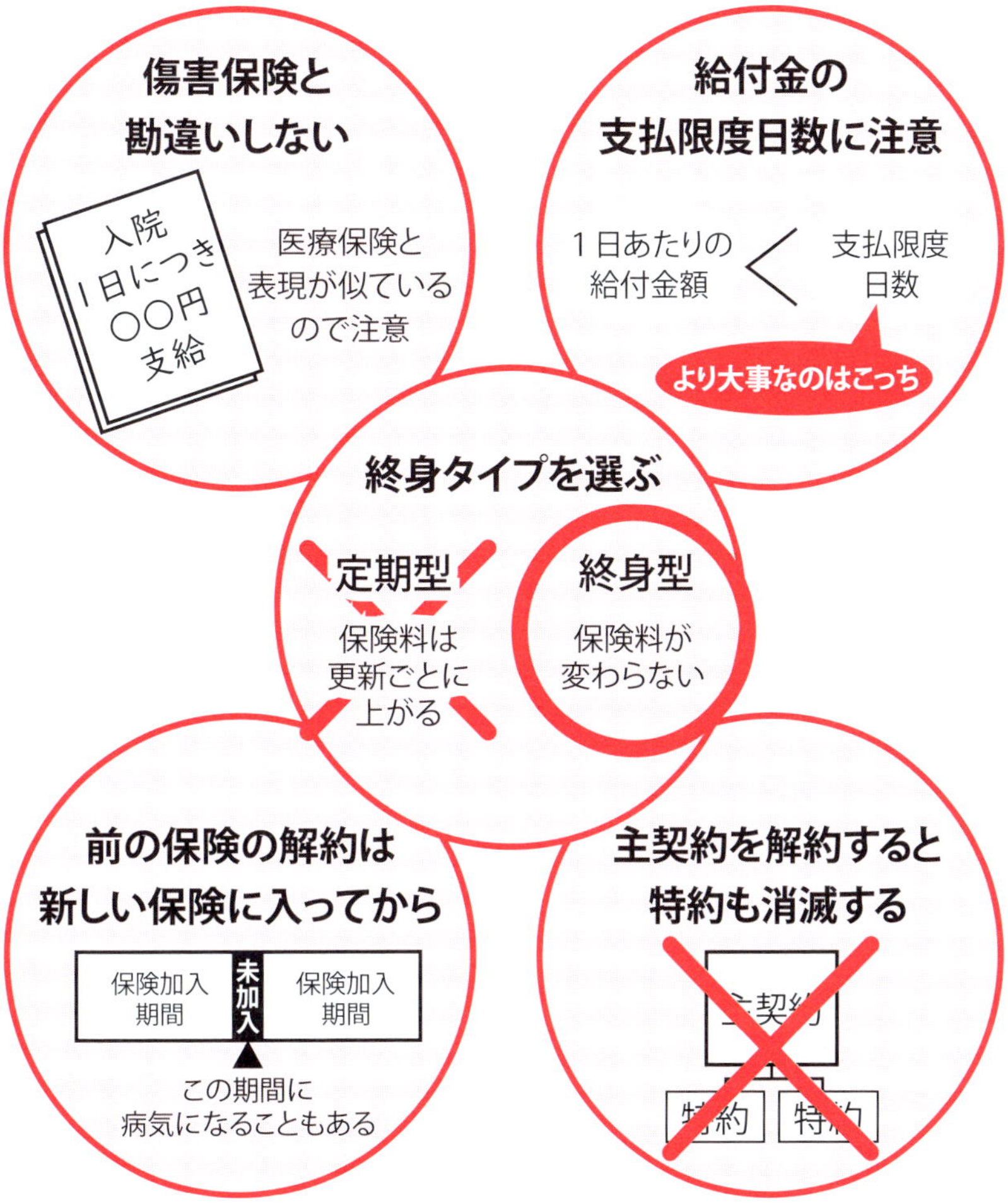

討することになります。

ただしその際は、公的医療保険の保障に加える形で、保障範囲・金額を検討しましょう。あくまでも公的医療保険がベースとなるのですから。

病気になる前に考えておきたい

民間の医療保険を選ぶときの注意点の中でもとくに50代前後の方が注意すべき点を上の図で5つ挙げました。

人生が落ち着き、これからの人生のめどがつく時期は、保障を考え直す上で絶好の機会です。若い頃と違って、人生の最期までを意識した計画を考えることができるはずです。

冒頭でも触れたように、ムダな保障は1ヵ月でも早く削りたいもの。さらに言うなら、**病気になってからでは、選択肢が少なくなります。**

つまり、50代前後というのは、将来の保障についてしっかり考えるべき時期なのです。

コラム

民間の保険の種類を確認しよう

ひとくちに保険といっても、種類はさまざまです。ここで、改めて保険の種類について確認しておきましょう。

以下に、36ページでも登場した死亡保障に関するものをまとめましたので、保険の検討材料にしてください。

主な死亡保障の保険・特約

種類		内容
保険	定期保険	・一定期間内（10年間など）に死亡したとき、死亡保険金が支払われる ・定期保険特約として、終身保険や養老保険等につけることも可能
	終身保険	・保障が一生涯続き、死亡したときに、死亡保険金が支払われる ・貯蓄性がある（満期はないが、解約返戻金あり）
	養老保険	・一定期間内（10年間など）に死亡したとき、死亡保険金が支払われる ・貯蓄性が高い（満期時には、死亡保険金と同額の満期保険金あり）
特約※1	定期保険特約	・一定期間内（10年間など）に死亡したとき、死亡保険金が支払われる
	傷害特約	・不慮の事故または特定感染症で死亡したとき、災害死亡保険金あり ・不慮の事故で所定の障害状態になったとき、障害給付金あり
	災害割増特約	・不慮の事故または特定感染症で死亡したとき、災害死亡保険金あり
	特定疾病保障特約	・特定疾病（三大疾病）により所定の状態になったとき、死亡保険金と同額の特定疾病保険金が生前に支払われる ・特定疾病保険金を受け取らずに死亡したときには、死因を問わず、死亡保険金が支払われる ・単独の保険として加入することも可能
	収入保障特約※2	・死亡保険金を一括ではなく、分割（年金形式）で受け取る特約 ・単独の保険として加入することも可能

※1　保険に付加して、各種保障を充実させるもの（必ず主契約とセットで、単独では加入できない）。

※2　生活保障特約など、名称は保険会社によって異なる

4章

マイホームを見直す

絶大な節税効果が期待できる 住宅ローンを繰り上げ返済する

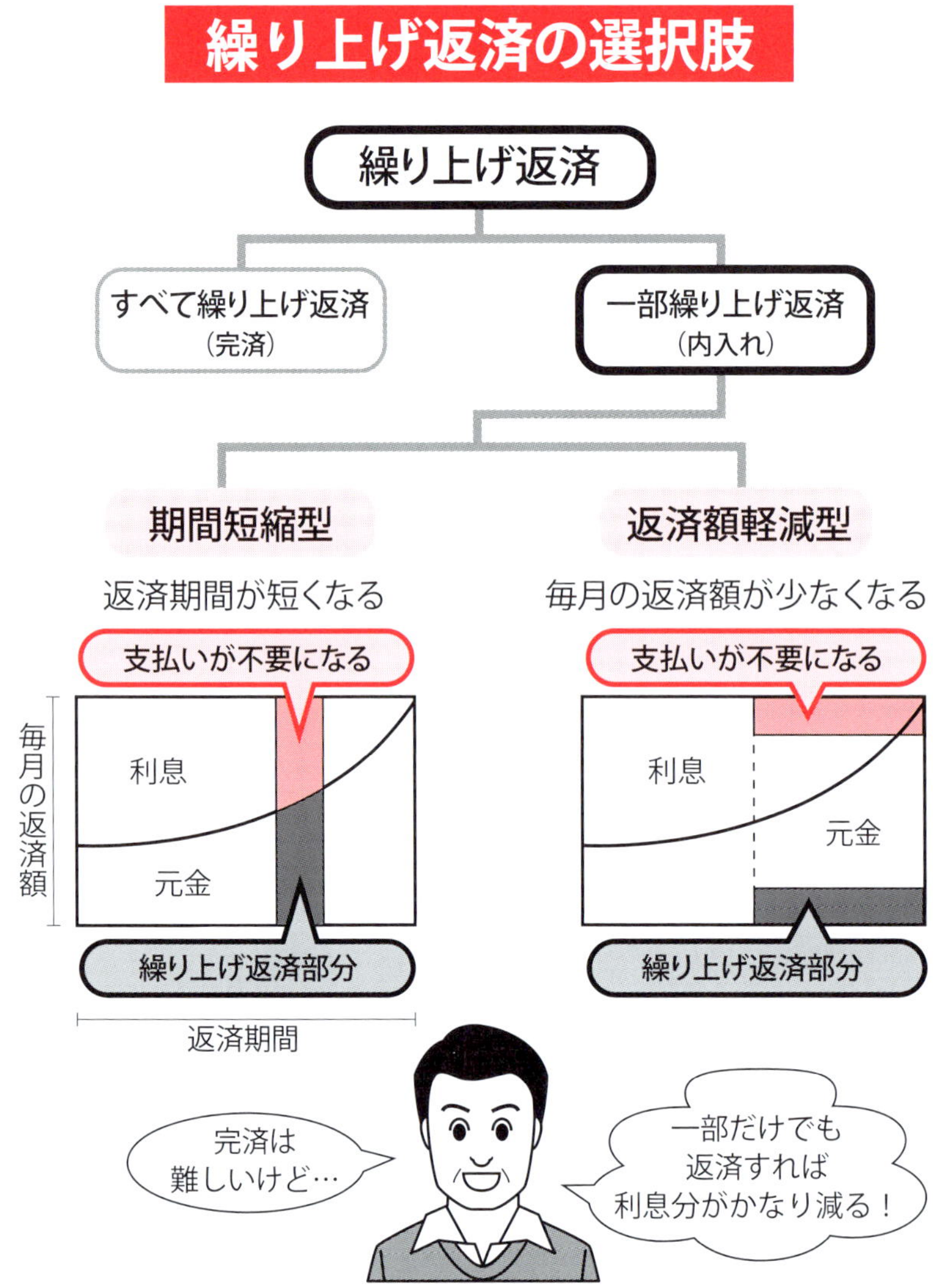
繰り上げ返済の選択肢
繰り上げ返済
すべて繰り上げ返済
（完済）
一部繰り上げ返済
（内入れ）
期間短縮型
返済期間が短くなる
返済額軽減型
毎月の返済額が少なくなる
支払いが不要になる
利息
元金
繰り上げ返済部分
毎月の返済額
返済期間
支払いが不要になる
利息
元金
繰り上げ返済部分
完済は
難しいけど…
一部だけでも
返済すれば
利息分がかなり減る！

繰り上げ返済か借り換え

リタイアした後も住宅ローンの返済が続く……そんな人も珍しくはないでしょう。

たとえば、35歳で30年返済ローンを組むと、65歳までローン返済に追われることになります。

そのため、多くの人は「退職金で残りのローンを完済しよう」と考えているはずです。

ただ、どの企業も退職金は減少傾向にあるうえに、退職金の金額は不透明です。実際には完済はかなり難しいでしょう。

ただ、今からでも始められることはあります。**できる限りローン残高を減らす**ことです。

ポイントは、**「一部繰り上げ返済」**と

Point

繰り上げ返済をしたときの利息軽減効果はとても大きい。ぜひ実行しよう

繰り上げ返済シミュレーション

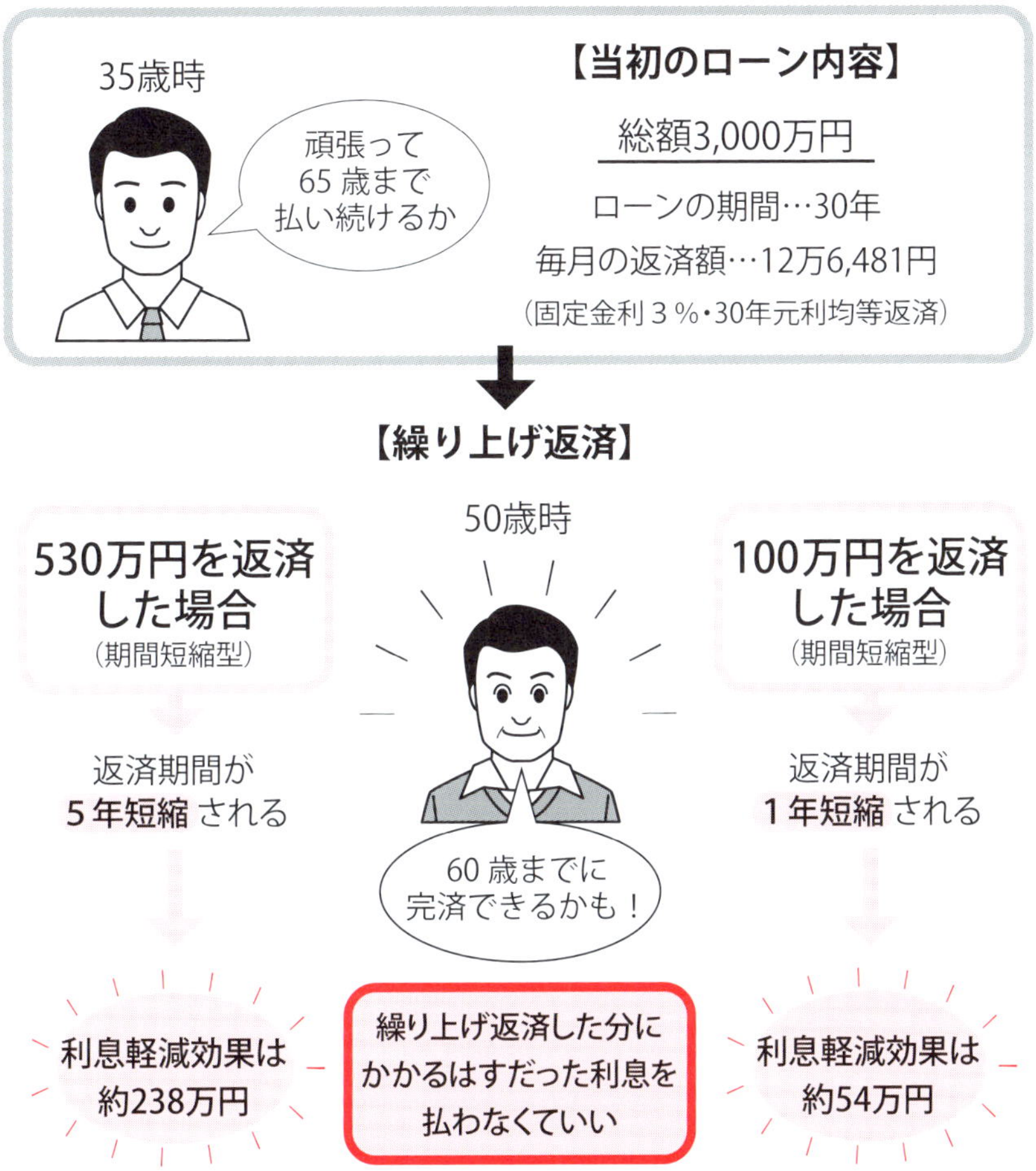

35歳時
頑張って65歳まで払い続けるか
【当初のローン内容】
総額3,000万円
ローンの期間…30年
毎月の返済額…12万6,481円
（固定金利３％・30年元利均等返済）
【繰り上げ返済】
50歳時
530万円を返済した場合
（期間短縮型）
返済期間が5年短縮される
利息軽減効果は約238万円
100万円を返済した場合
（期間短縮型）
返済期間が1年短縮される
利息軽減効果は約54万円
60歳までに完済できるかも！
繰り上げ返済した分にかかるはずだった利息を払わなくていい

※金融広報中央委員会「知るぽると」にて試算

「借り換え」の2つです。

自分に合った方法を選べる

一部繰り上げ返済の具体的な方法としては、**「期間短縮型」**か**「返済額軽減型」**のどちらかになりますが、これは自分で選べます。

もっとも、ここではリタイアまでにローン返済を終えることが目的なので、期間短縮型を選びたいところです。

右上の図に、繰り上げ返済の種類についてまとめました。

そして繰り上げ返済の効果をシミュレーションしたところ、上の図のようになりました。100万円を繰り上げ返済して返済期間を1年間短くした場合でも、約54万円もの利息軽減効果が見込めます。100万円の投資で、安全確実に約54万円の利益を手にすることができるのです。

これだけ大きな経済効果が見込めるのですから、繰り上げ返済を検討する大きなモチベーションとなるのではないでしょうか。

住宅ローンの借り換えをする

若い頃とは違った選択ができる

住宅ローンの金利の種類

固定金利型	変動金利型	固定金利特約型 （固定金利選択型）
	金利水準	
高い	非常に低い	低い
	金利の見直し	
返済期間中 変わらない	半年ごとに見直し	固定金利期間中は 変わらないが その後情勢に応じて 見直される

返済期間が長いから
金利上昇リスクを考えると
固定金利型を
選ばざるを得ない
若い頃と比べて
返済期間が短いから
金利が低いタイプを
選びやすい！

若い人にはできないローン選びができる

別の銀行で新しいローンを借りて、そのお金で元のローンを完済する、住宅ローンの借り換えもおすすめです。

新しいローンの金利が元のローンよりも低ければ、支払う利息もグッと減ります。なので、昔借りたローンの金利が高いという人には魅力的な方法です。

しかも、もしあなたが50代であれば、元のローンの金利がそれほど高くなくても、借り換えの効果を得られる可能性は十分にあります。

なぜなら50代の場合、新たなローンで金利水準の低い**「変動金利型」や「固定金利特約型」を選びやすい**からです。

これらのタイプは、支払いの途中で金利

Point

金利上昇リスクは年配者のほうが低い。年齢に合わせた選択をしよう

借り換えシミュレーション

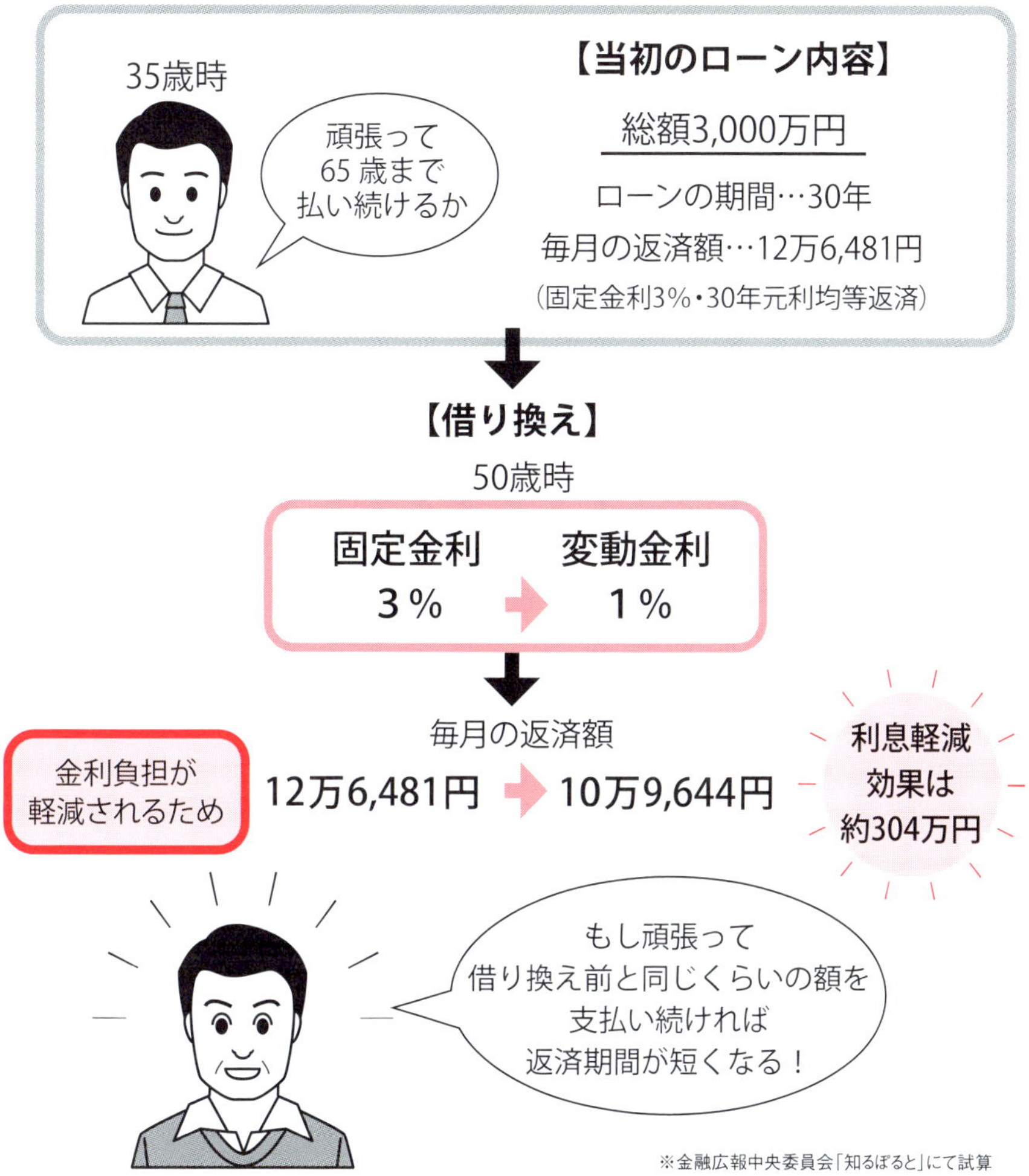

※金融広報中央委員会「知るぽると」にて試算

が上昇するかもしれないというリスクがあります。だからこそ金利水準が低いのですが、50代であれば残りの返済期間は短いはずです。

すなわち、若い人に比べて金利上昇リスクは格段に少ないので、変動金利型や固定金利特約型を選びやすいのです。

まずは明細を確認するところから

「今のままで大丈夫だ」という方も多いでしょうが、一度改めて**住宅ローンの明細を確認してみましょう。**

現時点でローンがあとどれだけ残っているのか、ご存じでしょうか？

何かを調べて行動することは大変です。しかし、今頑張ることで、100万円以上の利息を払わなくても済むかもしれないのです。

ぜひとも、繰り上げ返済や借り換えを賢く利用して、リタイアまでの完済を目指してください。その効果は、数年後にはっきり現れることでしょう。

控除を受けて上手にやりたい

リフォームの準備を始める

リフォームにはいくらかかる？

リフォーム費用の相場（戸建て）

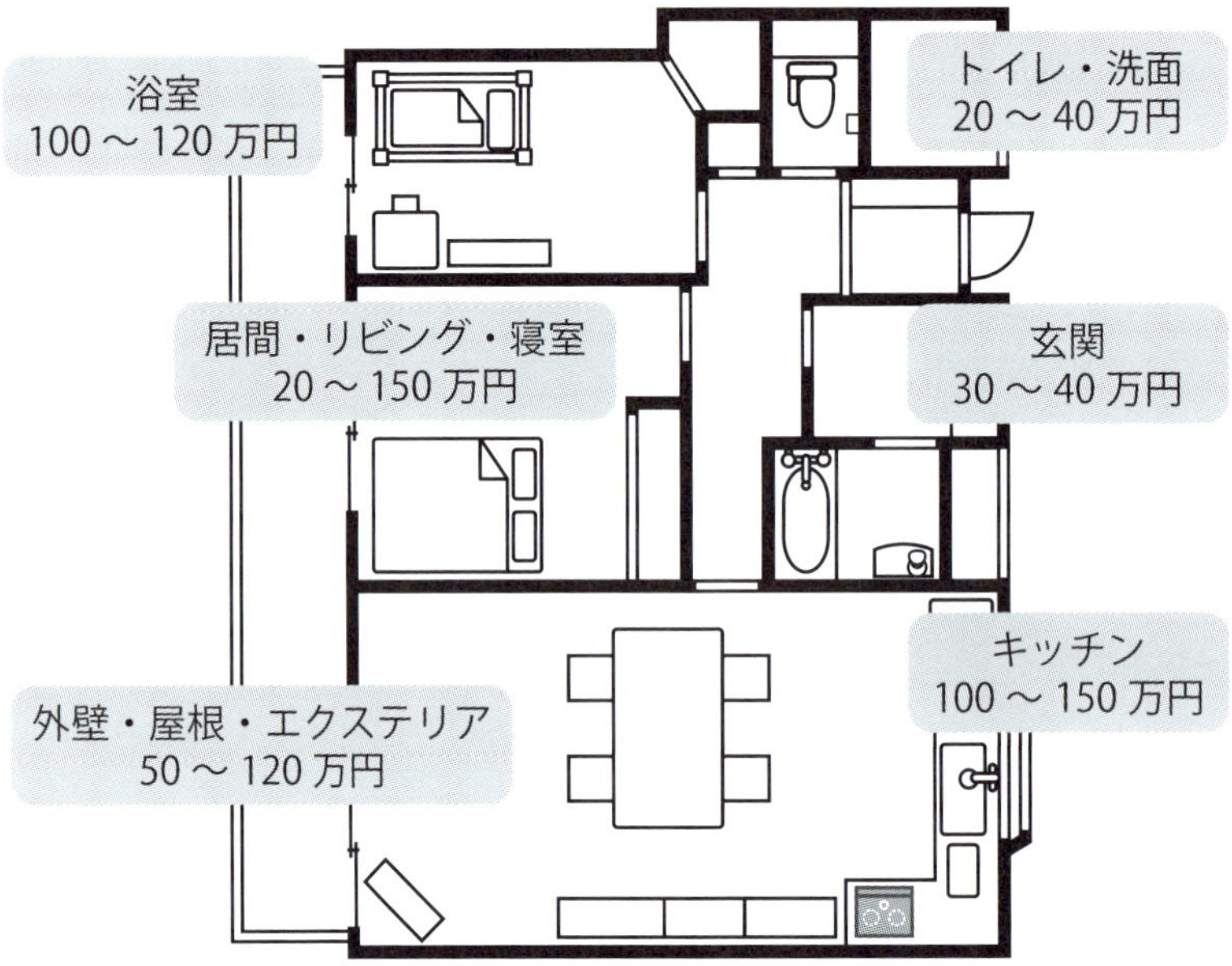
浴室
100～120万円
トイレ・洗面
20～40万円
居間・リビング・寝室
20～150万円
玄関
30～40万円
キッチン
100～150万円
外壁・屋根・エクステリア
50～120万円

全面 1,000～1,250万円	二世帯 1,000～1,250万円	増改築 750～1,000万円

バリアフリー絡みのリフォーム	目安価格帯は400～500万円 25%は1,000万円以上

株式会社ホームプロ・ホームページ（https://www.homepro.jp/hiyou/）より

家も年をとるからリフォームは必要

ある程度の年齢になれば「終《つい》の棲家《すみか》」が見えてきますが、もし今の家に住み続けるなら、リフォームについて考えておかなければいけません。

今は平気でも、ちょっとした段差、重いドアの開閉など、平均余命を考えればいずれ不都合が出てくることは間違いないでしょう。ですから、**リフォームは必要**なのです。

リフォーム費用の相場を見ると、全面リフォームや二世帯リフォームを除いては、それほど高額ではないように見えます。

ただ、これらは中心価格帯なので、実際にはもっと費用がかかるケースも少なくありません。

Point

今の家に済み続けるのならリフォームは必須なので、準備を始めておこう

リフォームでできる減税

住宅ローン控除の主な適用要件と控除額（リフォームローンを適用する場合）

リフォーム費用	100万円超
返済期間	10年以上
控除期間	10年間

控除額※

年末のローン残高の限度額…4,000万円

適用年	控除率	最高額
1～10年目	1.0%	40万円
合計最高控除額		400万円

※年末ローン残高 × 控除率　ただし、所得税から引き切れない場合は住民税から控除（上限あり）

バリアフリーリフォームの主な適用要件と控除額（ローン型減税の場合）

リフォーム費用	50万円超
返済期間	5年以上
控除期間	5年間

控除額※1

年末のローン残高の限度額…1,000万円
（うちバリアフリー改修工事…250万円※2）

適用年	控除率	最高額
1～5年目	1.0%	12.5万円
合計最高控除額		62.5万円

※1…年末ローン残高 × 控除率　※2…バリアフリー改修工事部分については控除率 2.0%

今の家があるからとのんびりしていると、リタイア後に痛い目にあうかもしれません。今のうちに一度、専門業者に家を検査してもらいましょう。

住宅ローン控除を受けることもできる

ちなみに、リフォームであっても、一定の要件を満たせば**住宅ローン控除の適用を受けることができます。**

住宅ローン控除は非常に効果の大きい優遇制度ですが、要件のハードルは高めです。ただし、バリアフリーリフォームであれば、一定要件を満たすことでハードルは少々下がります。

一定要件とは、たとえば工事内容が手すりの取り付けであったり、改修工事後半年以内にその住宅に住み始めることなどです。

他にも、固定資産税を減税できる制度もありますし、国や自治体からの補助金も見逃せないところです。

使える制度をフル活用して、安心して過ごせる終の棲家を手に入れましょう。

家族全員の大きな問題
新たな「終《つい》の棲家《すみか》」を考える

候補①都心の便利なマンションに住む

【メリット】	【デメリット】
暮らしに必要なものが徒歩圏内にある	都心の不動産は高額なことが多い
自動車関連費がいらない	物価が高い
徒歩中心の暮らしとなるため健康に良い	娯楽が多く出費が増える可能性がある

候補②親の家を引き継ぐ

【メリット】	【デメリット】
家を新築する必要がない	リフォームや建て替えが必要になる
勝手が分かっているので余計なストレスが少ない	相続人同士が揉める可能性がある
	贈与税がかかる可能性がある

夢と現実のすり合わせが必要

新たな家に住み替える場合は、上記のような選択肢が考えられます。

子供が巣立って夫婦2人ならば、住まいをコンパクトにしてもよいかもしれません。

親の家を引き継ぐ場合には、リフォームや建て替え、そして相続の問題も出てきます。今のうちから対策を講じておく必要があります。

二世帯住宅で同居する場合は、他人が同じ屋根の下で生活するわけですから、家の設計段階からルールを決めて、皆が納得した上で決断しましょう。

海外移住については、文化、生活スタイル、コミュニケーションなどいくつものハードルがありますが、気候が良く、物価の安

Point

新しい家を考えるのなら選択肢は多いが
必ず家族と相談して決めよう

候補③子供夫婦と二世帯同居する

【メリット】

完全分離型・部分共有など家族に合ったスタイルを選ぶことができる

プライバシーを確保しつつ自由に交流できる

【デメリット】

親子ローンを組む場合などは十分に話し合う必要がある

世帯ごとの生活スタイルの違いなどによりトラブルが起こる可能性がある

候補④海外に移住する

【メリット】

物価が安い（日本の公的年金だけで悠々自適な生活が可能）

気候が良いため健康に良い

【デメリット】

生活スタイルや文化が合わないなどの理由で失敗するケースもある

金銭感覚の狂い・詐欺など金銭トラブルの可能性がある

い国で悠々自適に暮らすというのは魅力的です。

自身の夢と現実とを上手にすり合わせながら、柔軟に考えましょう。

家のことを一人で考えない

なお、これらの選択肢すべてに共通することがあります。

それは、**住まいの問題は自分一人の問題ではない**ということです。

配偶者、家族、親族……周りの人の理解と協力が必要となります。とくに配偶者の理解は必須です。

いずれの選択をするにしても、**自分一人で決めない**ことです。

リタイアしてある日突然、配偶者に「田舎で暮らす」「海外で暮らす」と言ったことで、離婚問題にまで発展するケースも珍しくはありません。

住まいのことは、じっくり何度も話し合うことが大切です。今から、家族と話し合うように心がけましょう。

コラム

リフォームでできる減税

リフォームをするなら要チェック

53ページでは、バリアフリーリフォームによってできる減税を中心に書きましたが、リフォームに関する減税にはいくつかのパターンがあり、税金の種類も違うため少し複雑です。

以下の図を参考に、自宅をどのようにリフォームするか、検討してください。

所得税の控除が受けられるリフォーム

投資型減税

ローンを組まなくても受けられる

- 耐震リフォーム
- バリアフリーリフォーム
- 省エネリフォーム
- 同居対応リフォーム
- 長期優良住宅化リフォーム

ローン型減税

リフォームローン等を借りた場合に受けられる

- ~~耐震リフォーム~~
- バリアフリーリフォーム
- 省エネリフォーム
- 同居対応リフォーム
- 長期優良住宅化リフォーム

固定資産税の減額が受けられるリフォーム

- 耐震リフォーム
- バリアフリーリフォーム
- 省エネリフォーム
- ~~同居対応リフォーム~~
- ~~長期優良住宅化リフォーム~~

・工事費用が50万円超
・賃貸住宅ではない

→ 工事の翌年の固定資産税額が3分の1減額される
（$100m^2$相当分まで）

5章

投資にチャレンジする

インフレへの備えは大事

年齢に合った投資をする

インフレはリタイア世代を直撃する

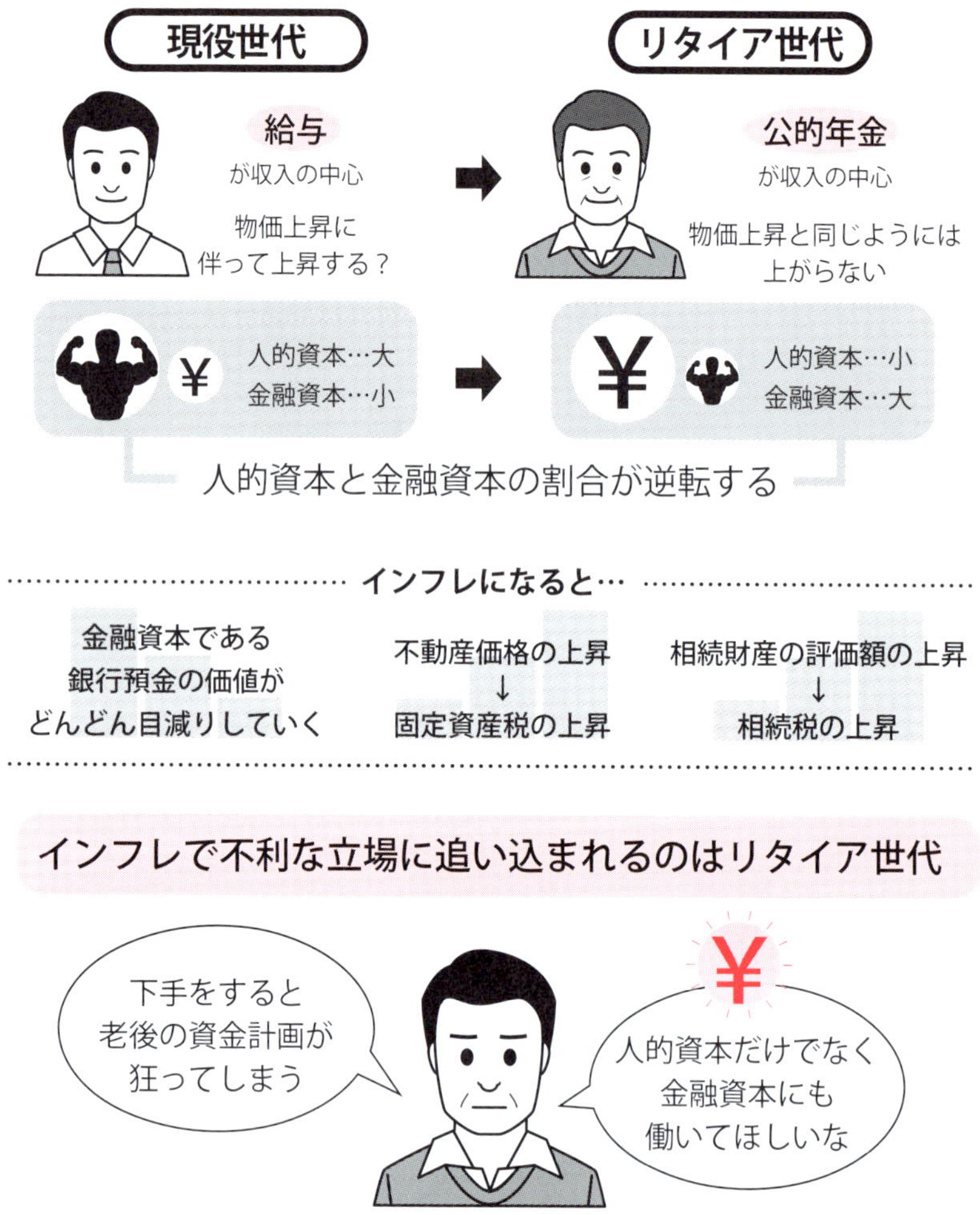
現役世代
給与
が収入の中心
物価上昇に
伴って上昇する？
リタイア世代
公的年金
が収入の中心
物価上昇と同じようには
上がらない
¥
人的資本…大
金融資本…小
¥
人的資本…小
金融資本…大
人的資本と金融資本の割合が逆転する
インフレになると…
金融資本である
銀行預金の価値が
どんどん目減りしていく
不動産価格の上昇
↓
固定資産税の上昇
相続財産の評価額の上昇
↓
相続税の上昇
インフレで不利な立場に追い込まれるのはリタイア世代
下手をすると
老後の資金計画が
狂ってしまう
¥
人的資本だけでなく
金融資本にも
働いてほしいな

金融資産を活用した守りのための投資

資産とは、収益を生み出すもの。この視点から見れば、収入のある人間も、立派な「資産」です。これを**人的資本**といいます。

そしてもちろん、利子・配当・値上がり益などを生み出す金融商品も資産です。これを**金融資本**といいます。

リタイア後は、これまでの人的資本頼みから、金融資本の活用も求められます。豊かな老後のためには、みずからの稼ぎだけでなく、**金融商品からの稼ぎも必要**なのです。

とはいえ、50代を前にして行う投資はお金を増やすためのものではなく、お金を目減りさせないため、言い換えれば、インフレに対処する、**守りとしての投資**です。

Point

シニア世代の投資は、インフレ対策の守りの投資。セールスには注意しよう

シニア世代は狙われている

絶好のセールス対象
退職金が入った！
金融資本に頑張ってもらおう
よくあるパターン
今を逃すとこんなチャンスは二度とありませんよ！
絶対に儲かります！
詐欺師
年金だけでは将来は厳しいので投資で増やしませんか？
元本保証なので安全ですよ
金融機関

狙われた人の約34%が60代以上（50代以上だと47%）

（金融庁「金融サービス利用者相談室」における相談等の受付状況等」2017年）

こんな人が危ない
知識が少ない人
自分は大丈夫だと思っている人
一攫千金を狙う人

詐欺師や金融機関からも金融資本を守ろう

インフレ率ほどの収入アップが見込めないリタイア世代にとっては、金融資産は大きな武器です。その武器が預貯金だけでは、インフレ時に大きく目減りしてしまいます。それを避けるために、今から少しずつでも投資しておくことをおすすめします。

詐欺師はもちろん金融機関にも要注意

先にも書いたように、リタイア後は**金融資本の活用**も求められます。

そういったリタイア世代の事情を、金融機関はよく知っています。これからは否応なしに、金融機関との接点が増えてくることでしょう。

しかし、金融機関の職員にもノルマがあり、自分の成績のために顧客にとって不利な商品をすすめてくるかもしれません。だからこそ、これからの金融機関との付き合い方には、慎重になる必要があります。

投資の知識や経験を増やし、**「何かおかしいぞ」**と感じることができるようにしておきましょう。

投資をするときの注意点

リスクヘッジについて考えておこう

注意点①長期保有をする

長期保有のメリット

手数料などの
コストが小さい

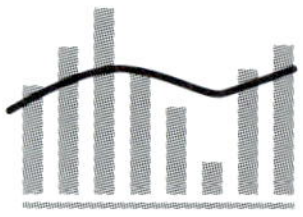

リスクの
コントロールが
しやすい

値上がりする？
値下がりする？

短期の売買よりも
心理的な負担が小さい

長期保有に向いているものの例

心から「応援したい」
と思える企業の株式

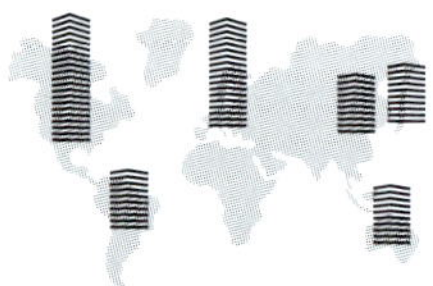

信用力の高い国や
企業の債券

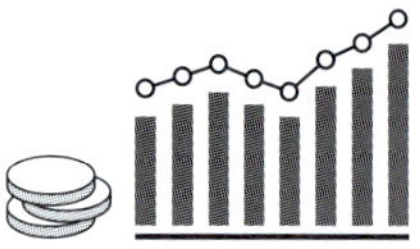

保有コストの低い
インデックスタイプの投資信託
（市場全体に投資するので比較的値動きが緩やか）

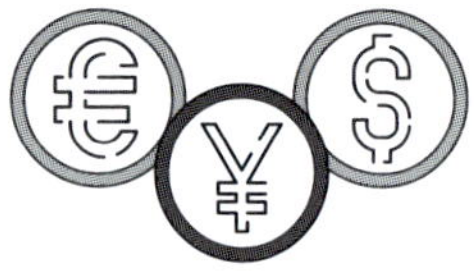

主要通貨の
外貨建て商品

長期保有が基本

投資の対象は数多くありますが、いずれを選ぶにせよ、50代以降を見据えた投資では、一度買ったものは**長期でじっくり保有**が基本となります。

そういった運用スタンスを希望すると伝えているにもかかわらず、短期売買を勧めるような金融機関とは、すっぱり縁を切るべきでしょう。

投資は買うことよりも売ることの方が何倍も難しいとされます。最高のタイミングで売却することなど不可能ですし、売るタイミングを計ることは心理的にも大きな負担がかかります。

なので、例えば企業の株式を購入するときは、一生付き合える会社の株を選ぶよう心がけましょう。そういった意識があれば、

Point

投資にはリスクがつきもの。だからこそ「長期」「分散」を心がけよう

注意点②分散投資をする

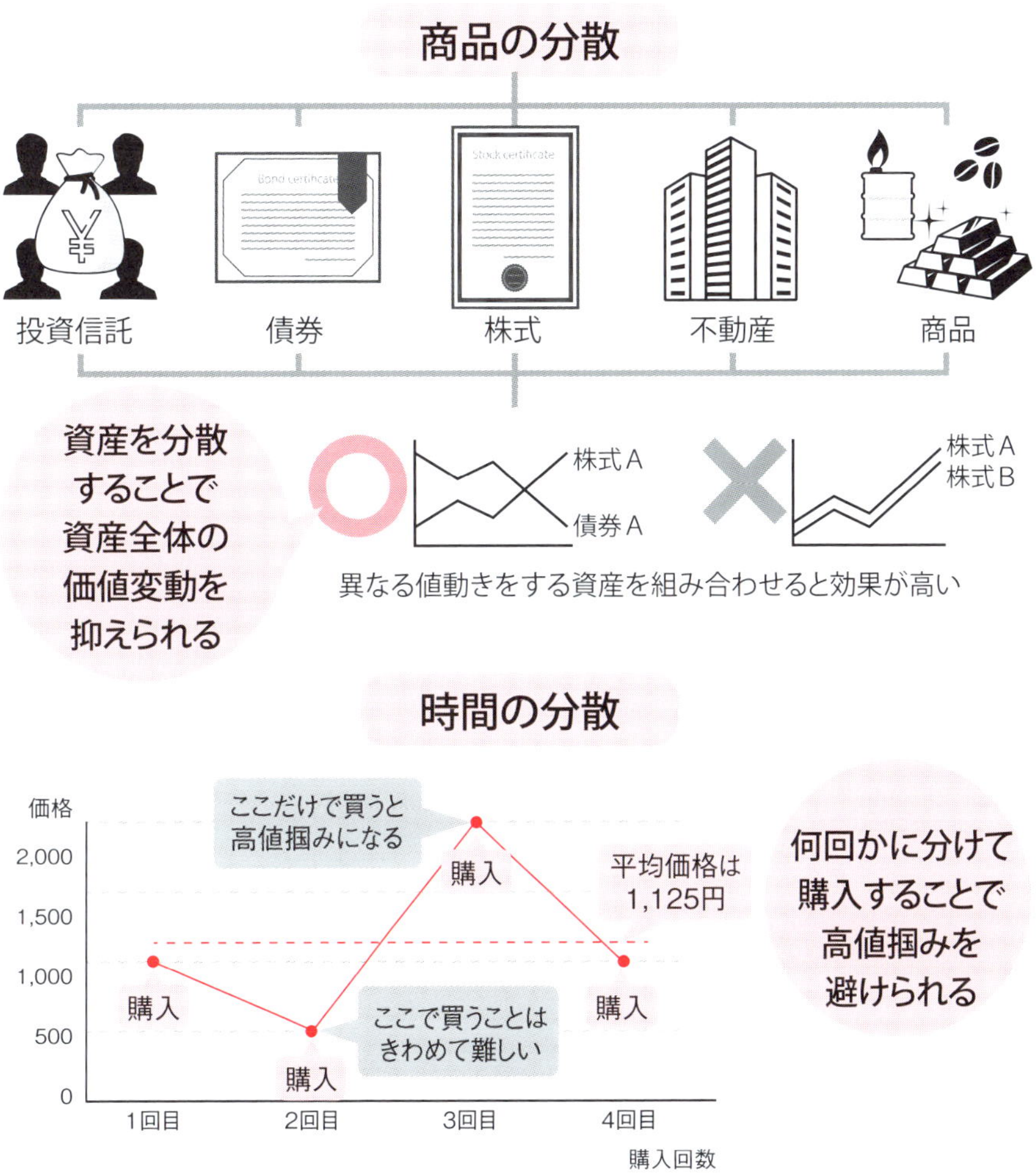
商品の分散
投資信託
債券
株式
不動産
商品
資産を分散することで資産全体の価値変動を抑えられる
株式A
債券A
株式A
株式B
異なる値動きをする資産を組み合わせると効果が高い
時間の分散
価格
2,000
1,500
1,000
500
0
ここだけで買うと高値掴みになる
購入
平均価格は1,125円
購入
ここで買うことはきわめて難しい
購入
購入
1回目
2回目
3回目
4回目
購入回数
何回かに分けて購入することで高値掴みを避けられる

おのずと選択の基準がはっきりするはずです。

分散投資を心がける

50歳前後の方の投資は、**分散投資**が基本となります。

インフレによる損失を避けるために投資をしたのに、その投資で大きな損失が出ては本末転倒です。損失を完全に避けることは不可能ですが、少しでも抑えるには、分散投資の意識は欠かせません。資産を分けて預けるだけでも、資産全体の変動を抑えることができます。

また、**商品の分散**だけでなく、**時間の分散**も心がけたいものです。

値動きのある商品を一気に購入すると、高値づかみをしてしまう可能性が高くなります。なので、何回かに分けて購入することで、高値掴みを避けるのです。

投資は難しく考えると、なかなか第一歩が踏み出せません。ひとまずは長期保有と分散投資を意識すれば、大きく失敗することはないはずです。

初心者でもできる おすすめの投資法

投資信託の特徴

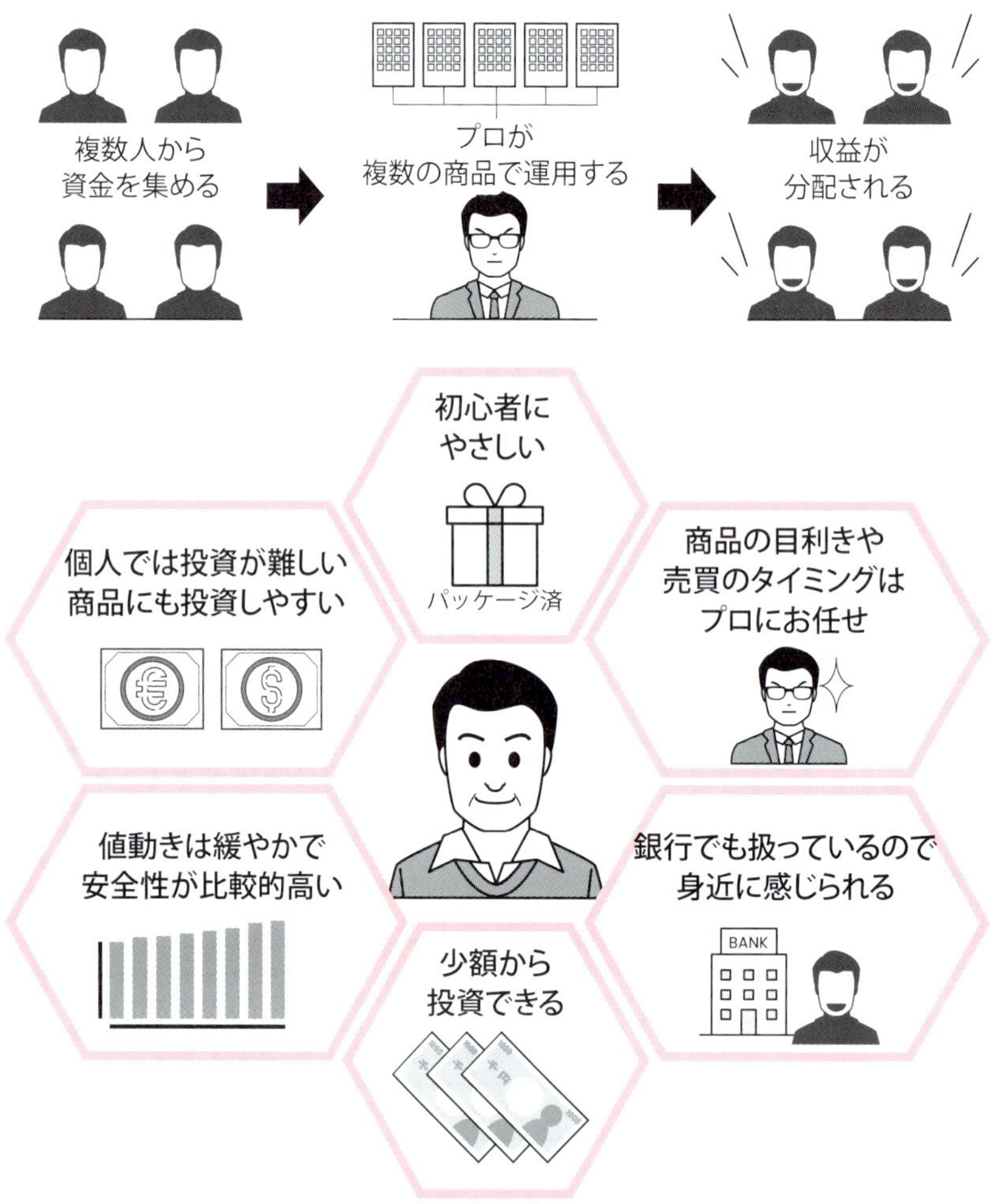
複数人から
資金を集める
プロが
複数の商品で運用する
収益が
分配される
初心者に
やさしい
パッケージ済
個人では投資が難しい
商品にも投資しやすい
商品の目利きや
売買のタイミングは
プロにお任せ
値動きは緩やかで
安全性が比較的高い
銀行でも扱っているので
身近に感じられる
BANK
少額から
投資できる

初心者にぴったりの 投資信託

前項で分散投資に触れましたが、「分散投資ってどうすればいいの?」という方もいるでしょう。

そのような方にぴったりなのが、**投資信託**です。

投資信託とは、皆から集めたお金をひとつにまとめて、資産運用のプロが株式や債券など様々な商品に分散投資する商品です。

株式投資が「単品買い」とすれば、投資信託は**「パッケージ買い」**となります。

商品の目利きや売買のタイミングなどはプロにお任せで、分散投資となるよう設計されているので、初心者向きとされます。

とはいえ、投資信託には多くの種類があり、その数はじつに6000本を超えてい

Point

パッケージ買いができる投資信託は初心者向けの投資法としておすすめ

50代以降を見据えた投資信託選び

おすすめは
この5つ

ETF

日経平均株価などの特定の指数に運用成績が連動する投資信託

J-REIT《リート》

不動産で運用する投資信託。数万円程度で不動産の一口オーナーになれる

毎月分配型ファンド

「収益分配金」が毎月支払われる投資信託。運用効率より心理的満足度を重要視したもの

物価連動国債ファンド

物価連動国債（元本や利子が物価変動に連動して増減する国債）に投資する投資信託。インフレ対策として有効

外貨建MMF

極めて安全性の高い債券を中心に運用する投資信託。利回りは低いが、その分安全性を最重要視している

もし株式投資をするなら…

企業の中身を重視し
成長を応援する

投資
ローリスク〜ミドルリスク

50代を前に選ぶべきなのは
こちら！

値動きの推移を重視し
値動きの幅で利益を上げる

投機
ハイリスク

年をとってからの失敗は
取り返しがつかない

ます。

50代を前に選ぶべき候補としては、上の図にあるタイプのものをお勧めします。

株式投資の注意点

もちろん、自分で複数の商品を選んで分散投資をする方法もあります。

そのための選択肢として有力なのは、株式投資です。

株式投資では、**本来の株式投資**を心がけてください。

「本来の」とは、企業理念・事業内容・経営状態などをすべて納得して、本当に応援したい会社の株をじっくり保有する投資を意味します。

一見当たり前のように思えますが、これが意外とできないのです。株式は派手な値動きをするので、ついつい目先の損益に惑わされます。何となくで始めてしまうと「投機」になり、心理的にも大きな負担となってしまいます。

だからこそ、投資先はじっくり考えて選ぶ必要があるのです。

税金面でのメリットが大きい NISA《ニーサ》を有効活用する

舗装されたコース・NISA

投資をするなら、少しでも有利な投資環境を選びたいところです。

ランニングに例えるなら、少しでも走りやすいコースを選ぶことです。デコボコ道よりも、アスファルトで舗装された走りやすいコースを選びましょう。走力が同じなら、走りやすいコースを走った方が、間違いなく結果は良くなるはずです。

そこで活用したいのが、2014年より新たに導入された**NISA**（少額投資非課税制度）です。

NISAとは、**年間で元本120万円分まで非課税で投資できる**制度です。

通常は、株式や投資信託の収益には、

NISAのメリット

一般的な投資

障害物のある道路

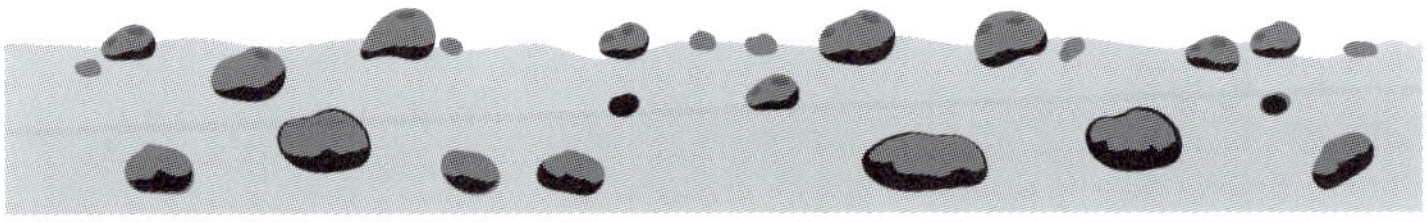

NISAでの投資

舗装された道路

対象者	20歳以上（口座開設年の1月1日現在）
対象商品	上場株式・株式投資信託等
非課税投資額	年間120万円※
非課税期間	5年間
口座開設期間	平成26年から35年まで
口座数	1人につき1口座（複数の金融機関に開設できない）

※新規投資額であり、すでに保有している株式等はNISA口座に移管はできない

Point

整備されたコースのようなＮＩＳＡはシニアにおすすめ

ＮＩＳＡのデメリット

損失が出たときに不利

ＮＩＳＡ口座での損失は
他口座の利益との損益通算が認められない

通常の口座で損失が発生した場合		ＮＩＳＡ口座で損失が発生した場合	
課税口座Ａ 売却損 ▲10万円	差し引き 0円 (税金0円)	ＮＩＳＡ口座Ａ 売却損 ▲10万円	売却損 10万円 (税金2万円)
課税口座Ｂ 売却益 10万円		課税口座Ｂ 売却益 10万円	

ＮＩＳＡ口座から他口座に商品を移すと、
移管時の時価が「取得価格」とされる

① 100万円で取得 ➡ ② 価格が50万円に下落する ➡ ③ 50万円で移管 ➡ ④ 「50万円で取得」とされる

損失50万円は無視される

売却すると非課税枠はなくなる

非課税枠 | 非課税枠 | 非課税枠 ➡ 売却 ➡ 非課税枠

非課税枠の再利用はできない

20・315%が課税されます。

たとえば、100万円の株式が200万円に値上がりすれば、売却益の100万円から20万3150円もの税金が引かれます。

これがＮＩＳＡ口座であれば、税金はまったくかからないのです。

ＮＩＳＡのデメリットに注意

ただ、ＮＩＳＡ口座には、**損失が出たときに不利**（損益通算できない）というデメリットがあります。

また、**売却後には非課税枠はなくなる**点にも要注意です。

このデメリットを踏まえると、値動きの小さい商品が適しているといえます。

また、売却すると非課税枠がなくなってしまう点を考慮すれば、長期でじっくり持てるような商品が向いています。

すなわち、非課税期間が終了する5年後くらいに値上がりが見込めて、それまでの間、安定した配当金（分配金）を期待できる商品が理想と言えます。

コラム

投資信託を利用すれば多くのものに投資できる

投資信託の中身は多種多彩

62ページでは投資信託を「パッケージ買い」と紹介しましたが、そのパッケージの中身はじつに多種多彩です。

63ページでは「J-REIT」「ETF」「物価連動国債ファンド」「外貨建MMF」「毎月分配型ファンド」が登場しましたが、投資対象別に分けると以下の図ような分類になります。

この図を参考に、上記以外を検討してみてもよいでしょう。

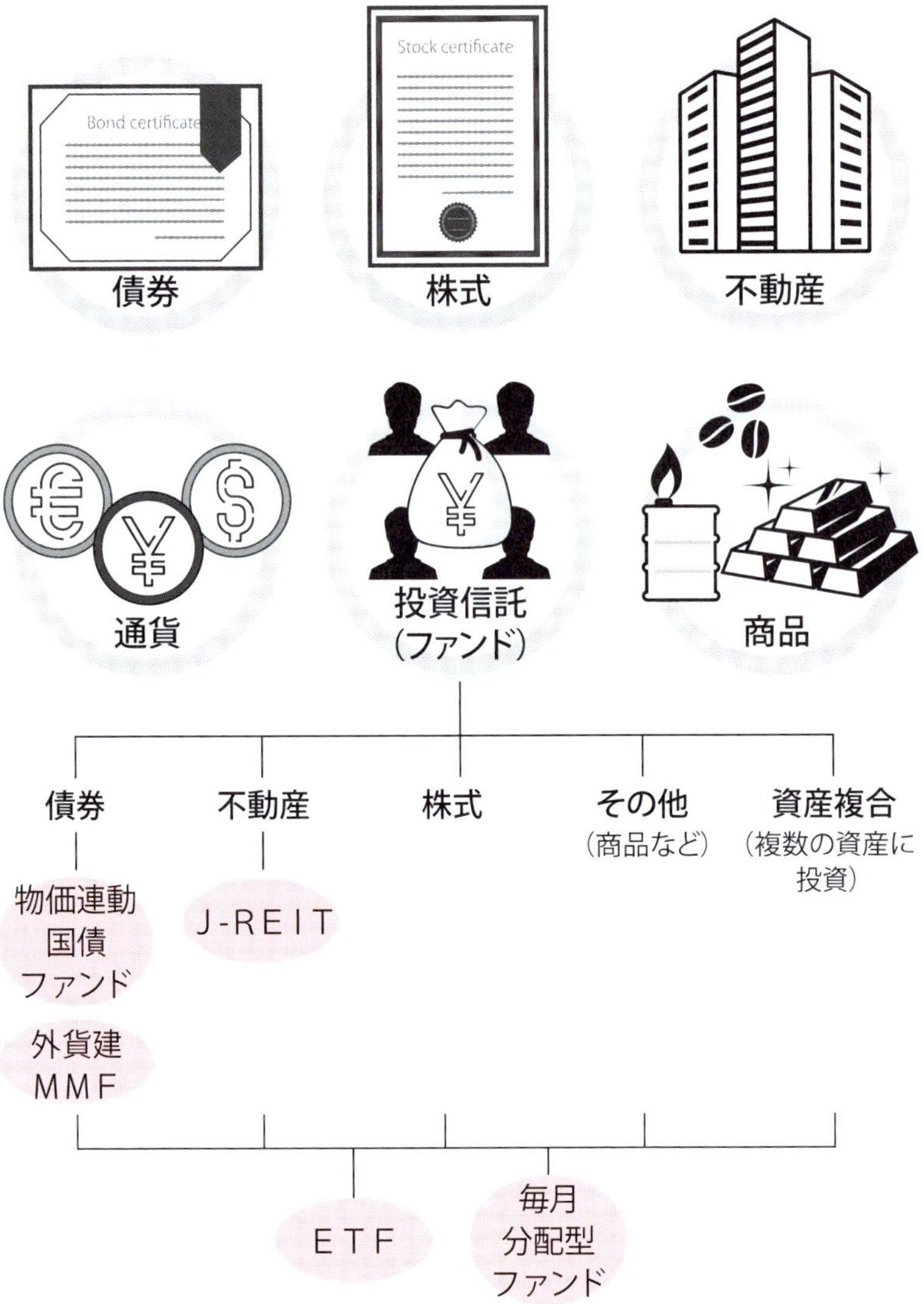

ETFや毎月分配型ファンドの投資対象は様々

６章

介護と相続の準備をする

親のためであり自分のためでもある

将来の生活を左右する介護

現在の介護の状況

要介護者等の年齢階級別構成割合

【男性】
40～64歳 7.1%
65～69歳 6.8%
70～74歳 9%
75～79歳 17.2%
80～84歳 26.1%
85～89歳 20.6%
90歳以上 13.2%
【女性】
40～64歳 2.5%
65～69歳 3.1%
70～74歳 7.1%
75～79歳 13%
80～84歳 23.8%
85～89歳 26.2%
90歳以上 24.3%

主な介護者になる人の構成と年齢

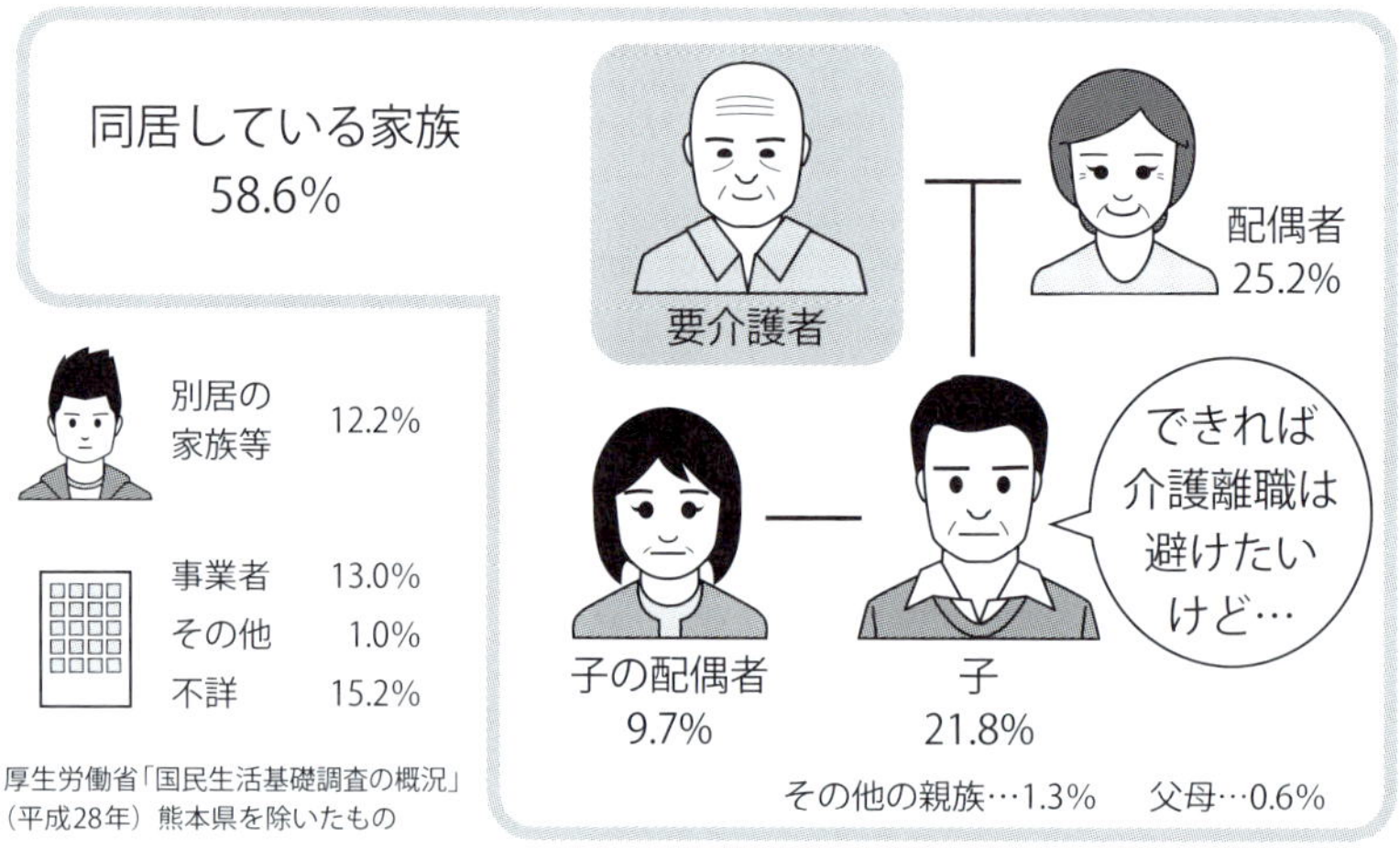
同居している家族 58.6%
要介護者
配偶者 25.2%
子の配偶者 9.7%
子 21.8%
できれば介護離職は避けたいけど…
別居の家族等 12.2%
事業者 13.0%
その他 1.0%
不詳 15.2%
その他の親族…1.3%　父母…0.6%

厚生労働省「国民生活基礎調査の概況」（平成28年）熊本県を除いたもの

親の介護はもう待ったなし

日常的に介護を必要とせず、自立した生活ができる生存期間を「健康寿命」といいます。

厚生労働省によると、この健康寿命は男性72・14歳、女性74・79歳とされています※。ですので、70歳を過ぎれば、そろそろ介護を意識しておく必要があるわけです。

50代前後の方の親は、おそらく70～80代くらいでしょう。

であれば、**親の介護はもう待ったなし**の状態です。すでに介護に追われている人も少なくないかと思います。

それでは、介護にはどのくらいお金がかかるのでしょうか？

※厚生労働省第11回健康日本21（第二次）推進専門委員会資料より

Point

介護は老後の生活設計を左右する大きな要素になる。逃げずに向き合おう

介護にかかる時間と費用

期間はどのくらい？

平均…４年７ヵ月

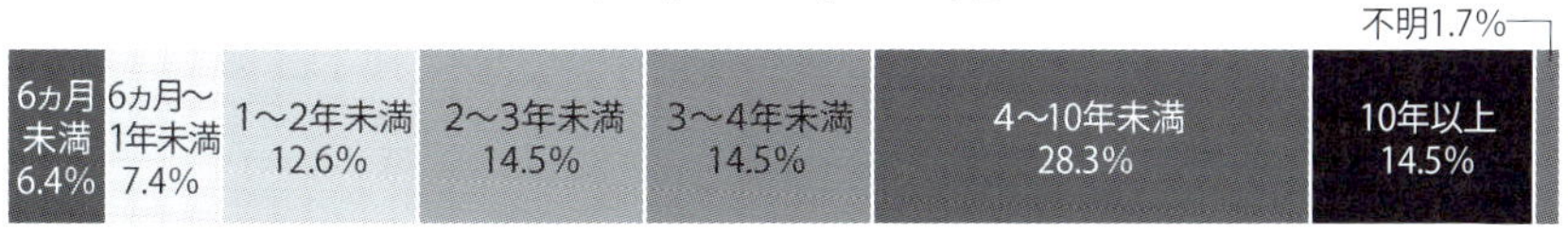

6ヵ月未満 6.4%
6ヵ月〜1年未満 7.4%
1〜2年未満 12.6%
2〜3年未満 14.5%
3〜4年未満 14.5%
4〜10年未満 28.3%
10年以上 14.5%
不明1.7%

費用はどのくらい？

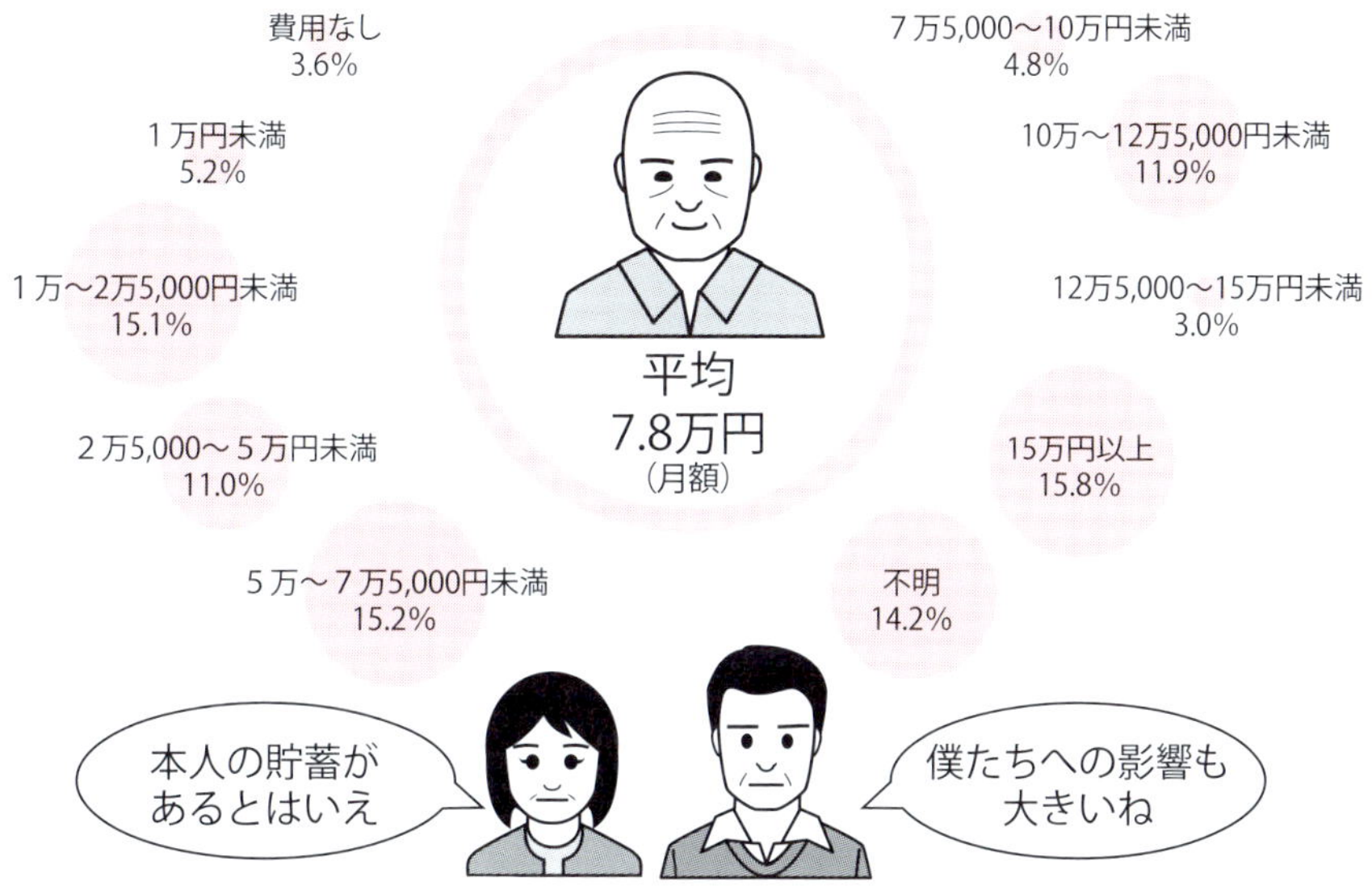

費用なし 3.6%
１万円未満 5.2%
１万〜2万5,000円未満 15.1%
２万5,000〜５万円未満 11.0%
５万〜７万5,000円未満 15.2%
７万5,000〜10万円未満 4.8%
10万〜12万5,000円未満 11.9%
12万5,000〜15万円未満 3.0%
15万円以上 15.8%
不明 14.2%
平均
7.8万円
（月額）
本人の貯蓄があるとはいえ
僕たちへの影響も大きいね

生命保険文化センター「生命保険に関する全国実態調査」／平成30年度

親の介護は自分の将来も左右する

たとえば、「食事・排泄はほとんど一人でできるけど、ときどき介助が必要」という場合は、週3〜4回程度の在宅サービスが目安で、毎月約10万円の費用が発生します。

これが、「食事の介助は時々でかまわないが、排泄・入浴・衣服の着脱には全面的な介助が必要」という場合になると、1日2〜3回程度の在宅サービスが必要となります。この場合には、毎月約30万円の費用となります。

これが介護が終わるまで続くわけですから、大きな負担です。背負いきれなくなるケースも珍しくありません。

ちなみに、生命保険文化センターの調査によると、介護を行った期間は平均で4年7ヵ月となっています。そして、10年以上介護を続けた人も、介護をしている人全体の15％弱にものぼるのです。

親の介護とは、**老後の生活設計を左右する大きな要素**であることを、あらためて認識してください。

介護の基本となる制度
公的介護保険の概要を知る

介護費用の自己負担は原則1割

介護の基礎となるのは、やはり公的な制度です。

公的介護保険は、公的医療保険、公的年金に次ぐ第三の社会保険制度として、これからの時代、欠かすことのできない制度です。最低限の知識は欠かせません。

公的介護保険の運営・窓口は、原則として各市町村となっています。40歳以上が加入対象者となり、介護保険料を納めます。

そして、いざ介護が必要になったときに、**原則として1割の自己負担**で、訪問介護や訪問看護といった所定の介護サービスを受けることができるというものです。

これにより、介護にかかる費用はかなり楽になります。月10万円分のサービスを利

要介護度別の身体状態の目安

（生命保険文化センター「在宅サービスの支給限度額と利用の目安」より）

要支援	1	要介護状態とは認められないが、社会的支援を必要とする状態 日常生活の一部に見守りや手助けが必要な場合がある
	2	生活の一部で部分的に介護を必要とする状態 食事や排泄はほとんどひとりでできるが、ときどき介助が必要な場合がある。状態の維持や、改善が見込まれる
要介護	1	生活の一部で部分的に介護を必要とする状態 食事や排泄にときどき何らかの介助を必要とすることがある
	2	軽度の介護を必要とする状態 食事や排泄に、何らかの介助を必要とすることがある
	3	中等度の介護を必要とする状態 食事や排泄に一部介助が必要
	4	重度の介護を必要とする状態 食事にときどき介助が必要で、排泄、入浴、衣服の着脱には全面的な介助が必要
	5	最重度の介護を必要とする状態 食事や排泄がひとりでできないなど、日常生活を遂行する能力は著しく低下している

Point

公的制度で受けられるサービスは多い。ただ自己負担が必要な場合もある

在宅サービスの支給限度額と利用目安

（限度額は標準的な地域の場合）

区分		限度額（月額）	利用目安
要支援	1	5万30円	週2～3回のサービス ・週1回の訪問型サービス ・通所型サービス（デイサービス等） など
要支援	2	10万4,730円	週3～4回のサービス ・週2回の訪問型サービス ・通所型サービス など
要介護	1	16万6,920円	1日1回程度のサービス ・週3回の訪問介護 ・週1回の訪問看護 ・週2回の通所型サービスなど
要介護	2	19万6,160円	1日1～2回程度のサービス ・週3回の訪問介護 ・週1回の訪問看護 ・週3回の通所型サービスなど
要介護	3	26万9,310円	1日2回程度のサービス ・週2回の訪問介護 ・週1回の訪問看護 ・毎日1回の夜間の巡回型訪問介護など
要介護	4	30万8,060円	1日2～3回程度のサービス ・週6回の訪問介護 ・週2回の訪問看護 ・毎日1回の夜間対応型訪問介護など
要介護	5	36万650円	1日3～4回程度のサービス ・週5回の訪問介護 ・週2回の訪問看護 ・毎日2回の夜間対応型訪問介護など

自己負担はこの額の1～3割

用しても自己負担は1万円、月30万円分なら3万円になるのですから。

ただし、**利用には上限があります。**上限を超えて利用してもよいのですが、上限を超える部分は全額自己負担となります。

気になる上限については、上の図に記載しています。

要介護認定次第でサービスの内容が変わる

要介護認定は要支援1～2、要介護1～5の計7段階に区分されています（右上の図参照）。

要介護認定の区分によって、利用できるサービスの上限額は大きく異なります。

なお、要介護認定には原則として1年間（初めての認定は6ヵ月）という有効期限があり、更新が必要となります。ただ、有効期限内であっても、状態に変化があった場合には、随時要介護認定の変更を申請することができます。ですので、更新時だけでなく、常日頃から状態を見守りましょう。

余裕のあるうちに考えておきたい

高齢者施設を知る

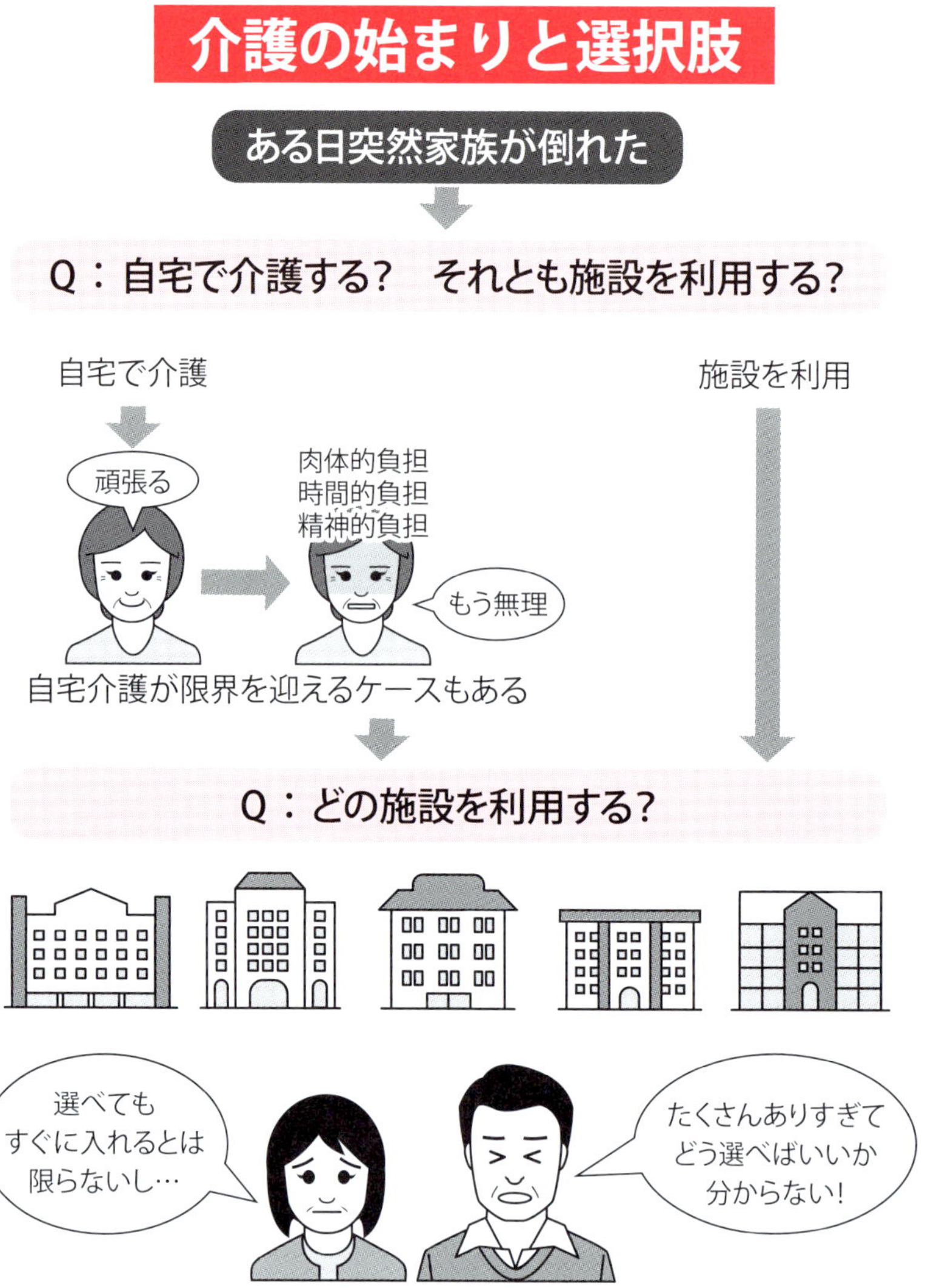
介護の始まりと選択肢
ある日突然家族が倒れた
Q：自宅で介護する？　それとも施設を利用する？
自宅で介護
施設を利用
頑張る
肉体的負担
時間的負担
精神的負担
もう無理
自宅介護が限界を迎えるケースもある
Q：どの施設を利用する？
選べても
すぐに入れるとは
限らないし…
たくさんありすぎて
どう選べばいいか
分からない！

介護に必要なのはお金だけではない

前項で、公的介護保険のおかげで、金銭的にはかなり助かることが分かりました。しかし、介護の負担は、金銭的なものだけではありません。

介護には、肉体的、時間的、そして精神的に大きな負担がかかることは言うまでもありません。

もちろん訪問介護や訪問看護、デイサービスなどは利用できるとはいえ、家族の負担は相当なものです。

そこで、介護に直面したとき一番の大きな決断となるのが、**高齢者施設を利用するか、しないか**です。この判断によって、自身の老後の生活が根本から変わると言ってもよいでしょう。

Point
介護が始まってから調べる時間はない。
時間のあるうちに情報を収集しておこう

主な高齢者施設の種類と費用

公的施設

特別養護老人ホーム

【条件】
・65歳以上
・要介護３以上

【月額費用】
10万円程度

ケアハウス

【条件】
・65歳以上
・日常生活を自立して送れる人

【月額費用】
７～15万円程度

民間施設

介護つき有料老人ホーム

【条件】
・おおむね65歳以上

【月額費用】
15～50万円程度

グループホーム（認知症対応型共同生活介護）

【条件】
・65歳以上
・要支援２以上

【月額費用】
10～25万円程度

サービスつき高齢者向け住宅

【条件】
・おおむね60歳以上

【月額費用】
15～35万円程度

いざというときにこの点を判断するために、今できることとして、高齢者施設の概要について調べておいてもよいでしょう。

いざというときにはじっくり検討できない

一口に高齢者施設と言っても、その種類はじつに多種多様で、対象者、費用、特徴などが大きく異なります。また、同じ種類の施設でも、運営者や地域によって大きく異なります。

考える時間があればいいのですが、実際のところ、**介護はある日突然始まります**。急いで施設を探さなければならない事態になる可能性も十分にあり得ます。

そんな場合、じっくり知識を増やし、候補となる施設をひとつひとつ時間をかけて検討することは無理です。結局、よく検討しないままに施設を選び、大きな後悔をすることになりかねません。

ですので、できることなら今のうちから、近所にある施設の情報を収集しておくとよいでしょう。

民間の介護保険を検討する

公的介護保険では補えない部分もある

公的介護保険には落とし穴がある

「要介護状態になっても、公的介護保険があるから大丈夫」

もしそう考えているのであれば、ひとつ、必ず確認していただきたいことがあります。

それは、65歳になるまでは、上記のような場合にしか公的介護保険のサービスを受けられないということです。

介護状態になるのは基本的に65歳以上と考えられているので、65歳未満の方には厳しいのです。もちろん、交通事故が原因で介護状態になっても、公的介護保険からのサービスを受けることはできません。

つまり、**万が一65歳になるまでに介護状態になった場合の備えをしておく必要がある**ということです。

公的介護保険の受給要件に注意

65歳以上（第１号被保険者）

【受給要件】
・要介護状態
・要支援状態

40～64歳（第２号被保険者）

【受給要件】
要介護（要支援）状態が老化に起因する疾病による場合

40～64歳の「万が一」への対策が必要

老化に起因する疾病

1 がん（末期）
2 関節リウマチ
3 筋萎縮性側索硬化症
4 後縦靭帯骨化症
5 骨折を伴う骨粗鬆症
6 初老期における認知症
7 進行性核上性麻痺、大脳皮質基底核変性症およびパーキンソン病
8 脊髄小脳変性症
9 脊柱管狭窄症
10 早老症
11 多系統萎縮症
12 糖尿病性神経障害、糖尿病性腎症および糖尿病性網膜症
13 脳血管疾患
14 閉塞性動脈硬化症
15 慢性閉塞性肺疾患
16 両側の膝関節または股関節に著しい変形を伴う変形性関節症

Point

民間の介護保険により、65歳までの備えと65歳以降の介護資金確保ができる

民間の介護保険の利用

要介護状態となった場合、介護一時金や介護年金が支払われる

一定期間保障の **有期タイプ**

一生涯保障が続く **終身タイプ**

例	朝日生命	ソニー生命
名称	あんしん介護	終身介護保障保険（低解約返戻金型）
給付内容	介護一時金・・・300万円 介護年金・・・60万円（終身）	介護一時金…60万円 介護年金…60万円（終身）
保険期間・保険料払込期間	終身	終身
保険料	50歳男性の場合…8,194円	50歳男性の場合…6,960円
支払基準	公的介護保険制度の要介護３以上（介護一時金）もしくは要介護１以上（介護年金）に認定	公的介護保険制度の要介護２以上に認定・ただし65歳未満は会社所定の要介護状態が180日継続したとき

要注意!

支払基準は大きく分けて２つ

公的介護保険の要介護認定と連動するもの

シンプルで手続きも簡単なこちらがおすすめ

会社所定の要介護状態で判断するもの

民間の介護保険は選択肢を広げてくれる

公的介護保険に頼りすぎない自己防衛手段としては、民間の介護保険が挙げられます。

保険期間は一定期間保障の**「有期タイプ」**と、一生涯保障が続く**「終身タイプ」**の2種類があります。

いつ介護状態になるかは分からないわけですから、保険期間は終身型が望ましいでしょう。現在では各保険会社より様々な種類が販売されており、その内容は多岐にわたります。

ちなみに、公的介護保険で受けられるのはあくまでサービスであり、現金の給付はありません。一方、民間の介護保険は、現金で給付が行われます。そして、**民間の介護保険で受け取れるお金の使い道は、比較的自由**です。

65歳以降のことを考えても、この点は心強い材料となるでしょう。少なくともお金の面においては、介護の選択肢が大きく広がるはずです。

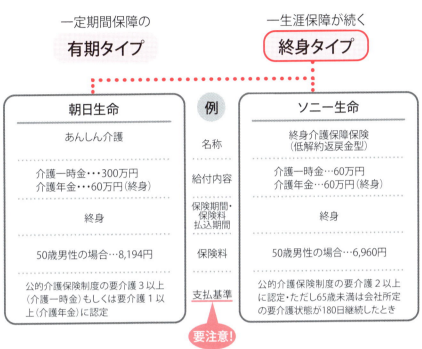

準備によって結果が大きく変わる 相続税を減らす

お金持ちでなくても相続税対策は必要

50代も間近になれば、親の遺産の相続を意識しないわけにはいきません。

相続となれば気になるのが**相続税**です。相続税の制度は2015年に大きく変わりました。変わったのは基礎控除額です。

相続税の計算では、遺産額から基礎控除額を差し引くことができますが、その**基礎控除額が縮小されたのです。**

かつて、相続税を支払うのはお金持ちだけでした。しかしこの変更によって、お金持ちでなくても、相続税の対象となる可能性が出てきたのです。

対策に使える制度はたくさんありますが、相続が発生してからでは使えません。準備しておくことが必要です。

「非課税枠」を使った対策

贈与税の非課税枠を利用する

1人につき毎年110万円までの贈与は非課税

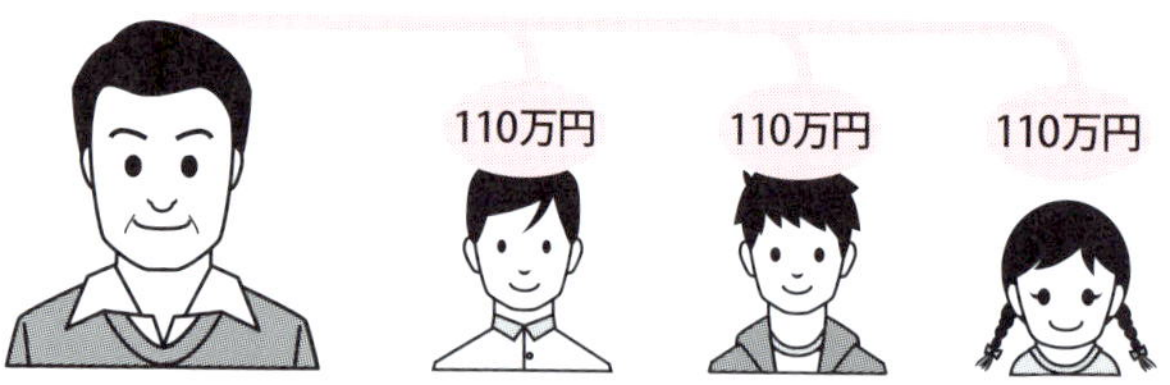
110万円
110万円
110万円

ただし
・相続開始からさかのぼって3年以内の贈与財産は相続財産に加算される
・毎年同じ金額を同じ時期に贈与を続けると「連年贈与」とされ課税される
などの点に注意が必要

死亡保険金の非課税枠を利用する

「500万円 × 法定相続人数」の死亡保険金は非課税

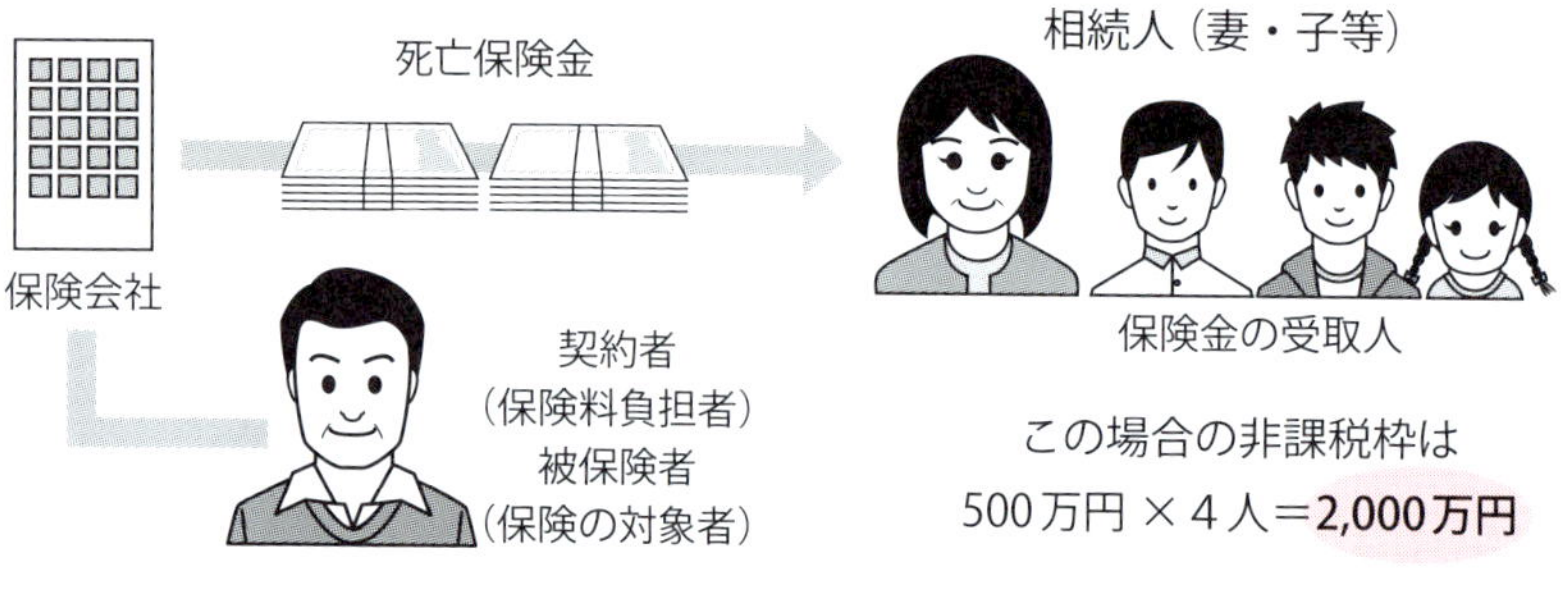
保険会社
死亡保険金
相続人（妻・子等）
保険金の受取人
契約者
（保険料負担者）
被保険者
（保険の対象者）

この場合の非課税枠は
500万円 × 4人＝2,000万円

贈与の「特例」を使った対策

「住宅取得等資金の贈与の特例」を利用する

1人最大 1,200 万円まで非課税（省エネ等の基準に適合する住宅の場合。それ以外の住宅は700万円）

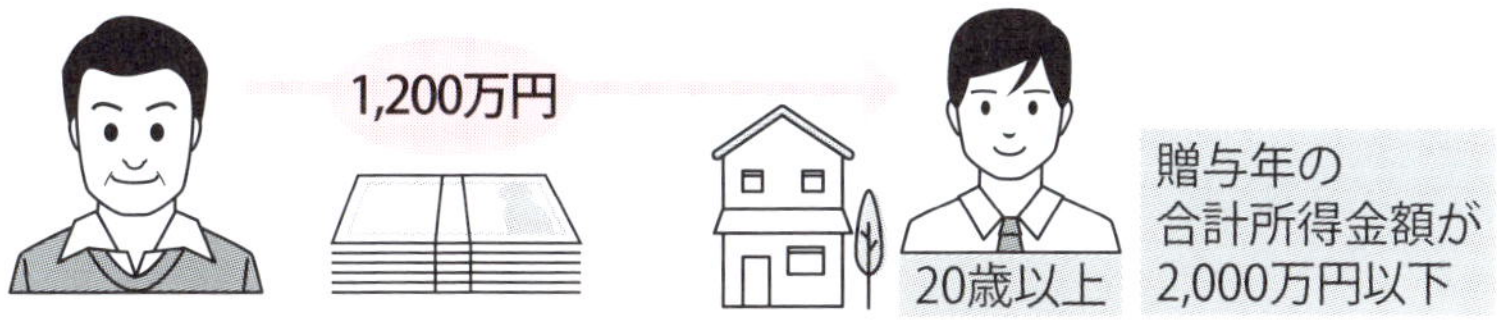
1,200万円
20歳以上
贈与年の
合計所得金額が
2,000万円以下

「教育資金の一括贈与の特例」を利用する

1人最大 1,500 万円まで非課税　うち学校等以外への支払いは500万円が上限

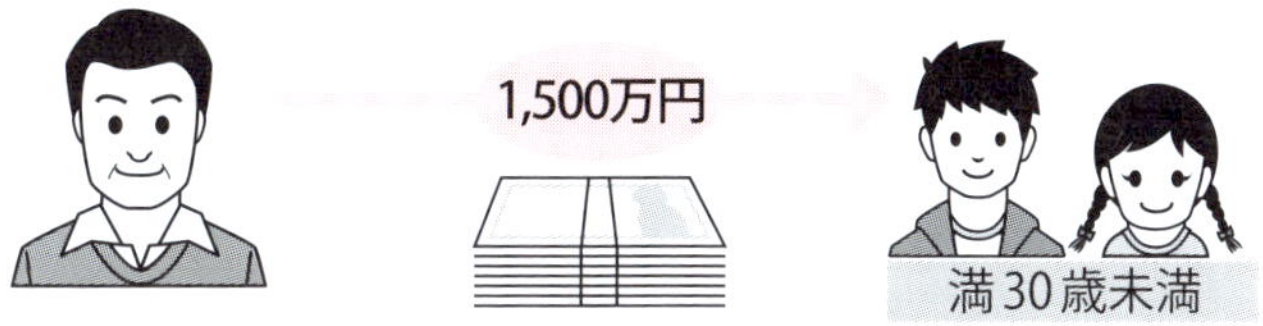
1,500万円
満30歳未満

「結婚・子育て資金の一括贈与」を利用する

1人最大 1,000 万円まで非課税　うち結婚費用は300万円が上限

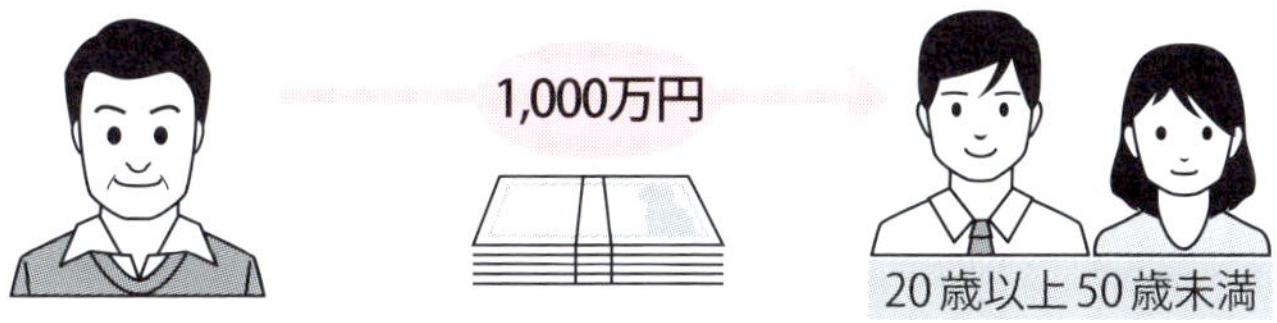
1,000万円
20歳以上50歳未満

Point

準備をすることによって、相続税の額を大きく変えることができる

非課税枠と特例を使う

対策を考える時のキーワードは、**「非課税枠」**と**「特例」**です。

「非課税枠」があるのは、贈与税と死亡保険金です。

通常であれば、生前に財産を贈与すると贈与を受けた人には贈与税がかかります。しかし、1人につき毎年110万円までであれば、贈与税はかかりません。

死亡保険についても、条件を満たしていれば、課税されることなく保険金を受け取ることができます。

一方、贈与税には「特例」もあります。これは、直系尊属（父母や祖父母など）から「教育資金」や「結婚・子育て資金」の一括贈与を受けた場合や、一定要件を満たした「住宅取得等資金」の贈与を受けた場合に適用することができます。

この特例を適用することで、一定金額まで贈与税が非課税となります。場合によっては1000万円単位のお金を非課税にすることができるので、非常に大きな効果を見込めます。

他人事と思ってはいけない
相続トラブル対策を始める

遺産相続のトラブル

裁判にみる遺産相続の件数と遺産額

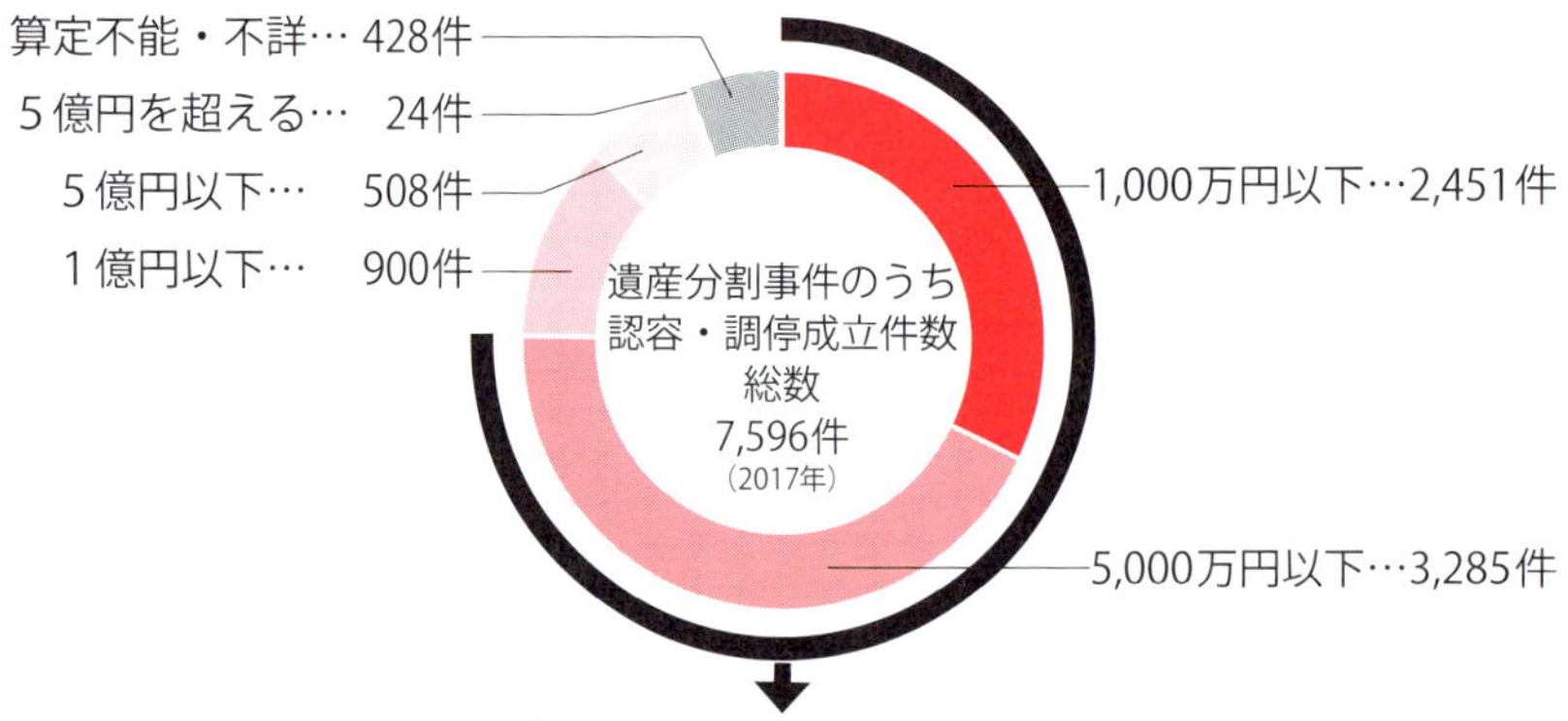
算定不能・不詳… 428件
5億円を超える… 24件
5億円以下… 508件
1億円以下… 900件
1,000万円以下…2,451件
5,000万円以下…3,285件
遺産分割事件のうち
認容・調停成立件数
総数
7,596件
(2017年)

遺産額が少なくても裁判沙汰になる

(裁判所資料より算出)

不動産や介護に要注意

介護は全部私がやったのに
遺産は全員同額なんて
納得できない！
よくある
パターン
遺産は自宅しかないんだから
お前が自宅を相続するなら
俺の分を現金でよこせ！

遺産額が少ないほうがトラブルは起こりやすい

相続税対策もないがしろにはできませんが、多くの人にとっては、遺産トラブルの方が気になるところでしょう。

なぜなら、**遺産トラブルは誰にでも起こりうる**からです。

遺産額の多寡は関係ありません。むしろ、**遺産額が少ない方が、遺産トラブルは起こりやすい**のです。

実際、遺産額1000万円以下で揉めているケースが、トラブル全体の約3割を占めており、遺産額5000万円以下も含めると、なんと全体の7割超を占めるのです。

そして、遺産トラブルは年々増加傾向にあります。

ですので、トラブルを未然に防ぐための